混凝土桥面沥青铺装结构与材料优化设计及应用

曹卫东　李伟华　张吉哲　著
任宪富　刘树堂　娄术荣

中国建筑工业出版社

图书在版编目（CIP）数据

混凝土桥面沥青铺装结构与材料优化设计及应用 / 曹卫东等著. — 北京：中国建筑工业出版社，2023.10
ISBN 978-7-112-29418-3

Ⅰ.①混… Ⅱ.①曹… Ⅲ.①钢筋混凝土桥-沥青混凝土路面-桥面铺装-研究 Ⅳ.①U448.333.33

中国国家版本馆 CIP 数据核字（2023）第 244454 号

责任编辑：杨 允 李静伟
责任校对：党 蕾
校对整理：董 楠

混凝土桥面沥青铺装结构与材料优化设计及应用
曹卫东 李伟华 张吉哲
任宪富 刘树堂 娄术荣 著

*

中国建筑工业出版社出版、发行（北京海淀三里河路9号）
各地新华书店、建筑书店经销
国排高科（北京）信息技术有限公司制版
建工社（河北）印刷有限公司印刷

*

开本：787毫米×1092毫米 1/16 印张：9¾ 字数：212千字
2023年12月第一版 2023年12月第一次印刷
定价：60.00元
ISBN 978-7-112-29418-3
（41833）

版权所有 翻印必究
如有内容及印装质量问题，请联系本社读者服务中心退换
电话：（010）58337283 QQ：2885381756
（地址：北京海淀三里河路9号中国建筑工业出版社604室 邮政编码：100037）

FOREWORD / 前 言

目前我国公路桥梁已建有 90 多万座，其中绝大多数是水泥混凝土桥梁。沥青混合料因具有施工速度快、养护维修方便、行车舒适等优点而被广泛用作混凝土桥面铺装层。桥面铺装层对于保护桥梁结构、保障行车安全及提高行车舒适性等具有重要作用。然而工程实践表明，与路基段沥青路面相比，混凝土桥面沥青铺装层发生开裂、坑槽、车辙等病害的时机往往较早，而且程度更加严重，这种情况需引起特别重视。病害产生的主要原因，是我国规范未对桥面沥青铺装层给出专门的设计方法，工程上完全套用路基段沥青路面上中面层结构与材料；二是桥面沥青铺装层施工质量不均及材料变异等。为此，课题组依托山东高速集团等科技项目，以青临高速公路典型桥面铺装为工程背景，系统开展了病害现场调研与内在机理分析、混凝土桥面沥青铺装层设计控制指标及标准确定、沥青铺装层结构设计与方案优化、复合防水层与混合纤维 SMA 混合料开发等研究工作。本书是在相关研究报告的基础上编写而成，期望能对我国混凝土桥面沥青铺装层的设计及施工提供一定参考作用。

全书共分 6 章，内容包括：绪论，混凝土桥面沥青铺装病害现场调研与分析，混凝土桥面沥青铺装结构设计与优化，复合型桥面防水层优化设计与性能，混合纤维 SMA13 优化设计与性能，工程应用及评价。

本书得到了山东高速集团科技项目（2019QL08、HSB2021-77）、山东高速潍坊发展有限公司科技项目的资助，在此表示感谢。本书的研究工作是由山东大学、山东高速集团有限公司、山东高速潍坊发展有限公司等单位合作完成的。我的硕士研究生张志栋、侯宗良、董利静等先后参与了本书主要内容的研究，并撰写了部分初稿；张修冬、王朔、崔友超等参与了现场试验及检测。对他们辛勤的付出表示感谢！在项目研究与本书撰写过程中，得到了山东高速集团有限公司张文武、马川义及山东高速潍坊发展有限公司陈进、林飞、张璐璐、唐文涛、杨波、徐全鹏、王海波、闫文龙、赵青松、单志伟、王成彦等提供的大力支持与协助！同时，本书引用及参考了许多学者的文献，在此一并致谢。

限于作者水平，书中难免存在疏漏和不足之处，恳请读者及同行专家学者多提宝贵意见与建议，批评指正。

曹卫东
2023 年 9 月

CONTENTS / 目 录

第1章｜绪　论 …………………………………………… 001
  1.1　桥面铺装概述 ………………………………………… 003
  1.2　混凝土桥面沥青铺装研究现状 ……………………… 003
  1.3　总结与分析 …………………………………………… 010

第2章｜混凝土桥面沥青铺装病害现场调研与分析 ……… 015
  2.1　概述 …………………………………………………… 017
  2.2　病害现场调研及分析 ………………………………… 019
  2.3　室内试验及分析 ……………………………………… 034
  2.4　本章小结 ……………………………………………… 037

第3章｜混凝土桥面沥青铺装结构设计与优化 …………… 041
  3.1　铺装结构设计指标及验算方法 ……………………… 043
  3.2　沥青铺装结构力学响应计算与分析 ………………… 046
  3.3　沥青铺装结构性能验算 ……………………………… 067

第4章｜复合型桥面防水层优化设计与性能 ……………… 077
  4.1　复合型桥面防水层结构 ……………………………… 079
  4.2　防水层复合改性沥青研发 …………………………… 079
  4.3　复合型桥面防水层方案设计与优化 ………………… 090
  4.4　复合型桥面防水层性能评价 ………………………… 100

4.5 本章小结……………………………………………………104

第5章 | 混合纤维SMA13优化设计与性能 …………… 107

5.1 原材料与性能…………………………………………… 109
5.2 混合纤维沥青胶浆优化设计与性能…………………… 113
5.3 纤维SMA13配合比设计与基本路用性能…………… 117
5.4 SMA13的动态力学特性及强度……………………… 128
5.5 本章小结………………………………………………… 135

第6章 | 工程应用及评价 …………………………………… 137

6.1 试验段方案……………………………………………… 139
6.2 施工工艺………………………………………………… 140
6.3 检测与评价……………………………………………… 146

第 1 章

绪 论

第1章

1.1 桥面铺装概述

根据 2022 年 5 月交通运输部发布的《2021 年交通运输行业发展统计公报》，2021 年末全国公路桥梁 96.11 万座、7380.21 万延米，比上年末分别增加 4.84 万座、751.66 万延米，其中特大桥梁 7417 座、1347.87 万延米，大桥 13.45 万座、3715.89 万延米。在这些桥梁中，钢筋混凝土及预应力混凝土桥梁占绝大多数。桥面铺装作为桥梁行车系的重要组成部分，不仅提供行车安全与舒适的服务功能，而且承受并传递车辆荷载及雨雪等环境影响，起到保护主梁结构、桥面板及钢筋的作用，对桥梁服役寿命有着重要影响。公路桥梁的桥面铺装分为两种：一种为水泥混凝土桥面铺装；另一种为沥青混合料桥面铺装。由于沥青混合料铺装具有行车舒适性好、施工及维修速度快等优势，成为应用最广泛的桥面铺装形式。本书重点研究混凝土桥梁沥青混合料铺装（简称混凝土桥面沥青铺装）。

尽管桥面铺装对保护桥梁结构、保障行驶安全、提高行车舒适性等具有重要作用，但现行规范并未对桥面铺装结构给出专门的设计方法，通常的做法是把路面结构的上、中面层直接套用到作为铺装结构的沥青层。近年来，随着交通量与轴载的迅猛增大，加之气候环境影响及本体结构上的差异，一些桥面沥青铺装结构出现了大量的早期病害及严重破坏，而且往往比路基段沥青路面病害发生得更早、更严重，这值得深入思考其中的内在原因。需从桥面铺装结构的力学响应、设计方法、结构组合、铺装材料及施工技术等多维度，开展系统化的研究及应用验证。本书在众多国内外学者与行业技术人员有关桥面铺装研究及实践经验的基础上，总结了作者依托青临高速公路在役典型混凝土桥面沥青铺装开展的研究与成果，以期对我国混凝土桥面沥青铺装结构的设计及施工有所帮助。

1.2 混凝土桥面沥青铺装研究现状

近年来国内外对桥面铺装结构的研究总体有了长足进步，但对钢桥面和混凝土桥面沥青铺装结构的研究仍处于探索阶段，在材料设计、结构组合、整体设计和运营养护等方面尚未形成一个类似于沥青路面设计的完整体系[1]。目前广泛采用的沥青铺装结构多数出现了早期破坏，加剧了桥梁结构的整体破坏。尤其是近年来，随着交通量与重型载货汽车逐渐增多，重载现象日益凸显，相当数量的桥梁在通车几年后就不得不进行大、中修，这些情况说明沥青铺装结构的材料及结构设计、施工和养护等还需深入思考和研究[2,3]。

1.2.1 沥青铺装结构设计研究现状

国内外学者与工程技术人员对水泥混凝土桥面沥青铺装开展了广泛的研究及应用，为桥面铺装体系的进一步研究及开发提供了坚实的基础与依据。研究主要涉及力学响应计算理论与方法、铺装结构设计方法、铺装结构方案三部分内容。

1. 力学计算方法研究现状

桥面铺装结构力学计算方法主要分为解析法和数值模拟法。20世纪90年代前，国内外学者主要采用解析法。由于解析法计算效率低、假设过于理想化等原因，无法在实际工程中广泛应用。后来随着计算机技术的发展和有限元法的兴起，使利用有限元软件开展桥面铺装结构分析计算成为可能。目前，基本是利用大型商业有限元软件对桥面铺装结构开展力学计算和分析。从20世纪90年代开始，张占军等[4,5]逐渐开始运用有限元数值模拟技术对桥面铺装模型开展静力学分析，首次对混凝土桥梁桥面沥青铺装结构开展系统的结构力学研究，基于弹性层状体系理论，通过三维有限元方法对桥面沥青铺装与桥面板的层间剪应力进行计算分析。研究发现混凝土桥面板的模量与厚度等参数对该指标影响很小，在实际工程中甚至可以忽略。SEIM等[6]通过有限元建模与静力学分析的方法，研究发现桥面沥青铺装层的厚度与模量是影响铺装结构受力较大的设计参数。王少华[7]利用有限元软件，将铺装层与梁板简化为整体结构，开展了静力学及动力学分析。研究发现，静载作用下铺装结构的应力应变随车辆荷载与模型厚度的变化规律与动载相吻合，提出了动力效应系数的概念。钱航[8]基于传热学理论，开展了桥面铺装瞬态温度场的计算研究并与静荷载进行了顺序耦合作用，计算了桥面铺装应力应变及永久变形量。王勋涛等[9-11]基于沥青混合料黏弹性和有限元层间接触模型，以混凝土箱形梁桥沥青铺装层为研究对象，通过静力学、动力学方法，对车辆荷载作用下沥青铺装层的应力及位移随材料参数的变化规律开展了研究。张逸琳[12]通过有限元动力学计算，分析了不同交通工况与材料参数对铺装结构各力学设计指标的影响规律。姚坤[13]通过建立桥面沥青铺装与桥梁上部结构的有限元模型，研究了桥面铺装力学响应对不同车速下车辆移动荷载和随机动荷载的敏感性，得出了不同平整度下各计算指标的冲击系数。孙建邦等[14]通过对Utracload和Dload子程序的二次开发模拟车辆移动荷载，探究车辆实际行驶过程对铺装结构防水黏结层最大剪应力的影响；分析发现该指标随着超载、水平摩擦力和层间摩擦系数的增加而增大，随着沥青层厚度和车速的增加而减小，受沥青层模量、防水粘结层厚度等因素的影响较小。张化涛[15]采用稳态温度场-动力学顺序耦合分析方法进行了桥面铺装在温度与动载共同作用下的力学响应分析，与仅考虑动载作用的力学响应进行对比，发现前者对铺装层的破坏更大。Gong等[16]基于稳态温度场-静力学顺序耦合的方法，研究发现温度场对桥面铺装稳定性的影响最大，其次是行车速度，曲率半径的影响最小。

2. 沥青铺装结构设计方法研究现状

国外桥面铺装结构设计方法研究主要是基于大规模室内外试验的经验分析法，成果具有较强的经验性和局限性。国内随着有限元软件应用的兴起，在沥青铺装结构设计理论和方法上取得了一些成果，但与实际工程应用尚有差距[17-20]。

张占军等[4,5]基于有限元分析提出了桥面沥青铺装结构设计方法，给出了不同防水粘结层材料的层间剪应力计算诺模图。徐勤武[21]提出了柔性和刚性桥面铺装设计方法，在柔性设计方法的指标中除了层间剪应力之外还考虑了层间竖向拉应力和层内拉应力，并给出了结构与材料之间的安全系数，但未说明材料强度标准的测试方法。李雪莲[22]提出了沥青层抗拉强度和层间抗剪强度两个设计指标，揭示了两个设计指标与不同影响因素的变化规律，建立了不同温度下刚柔层间粘结强度与抗剪强度的关系式。于颖[23]基于室内外试验和有限元计算分析，综合考虑铺装结构层间结合稳定性、防水粘结层材料性能及桥面防水分级等因素，将结构设计指标确定为层间抗剪强度和粘结强度，推荐了混凝土桥梁桥面沥青铺装的主要设计流程。柳海涛和雷宗建[17,24]通过正交试验方法与三维有限元静力学计算分析，探究了铺装不同设计参数组合下结构设计指标的力学响应，提出了各设计指标的回归计算公式与混凝土桥面沥青铺装结构设计方法，但该方法未考虑动载及温度的影响。陈攀等[25]提出了以铺装层与水泥混凝土层间剪应力、铺装层表面拉应力作为关键指标的混凝土桥面沥青铺装层结构设计方法。刘黎萍等[26]通过考虑水平力影响系数的有限元静力分析方法，以层间剪应力和层内最大剪应力为设计指标，提出了桥面沥青铺装结构设计方法。该方法未考虑层内拉应力和层间粘结强度的影响，对裂缝类病害未提出控制指标。王光谱[27]依据疲劳开裂和粘结层破坏两种形式，以沥青铺装层的最大拉应力和最大剪应力作为设计指标，提出了混凝土箱梁桥面沥青铺装结构设计流程，但未考虑防水粘结层的力学指标。杨鑫[28]基于有限元静力分析结果建立了计算层顶最大拉应力和层间最大剪应力的回归公式，提出了桥面铺装设计方法，但该计算方法及指标的选取具有一定的经验性。

3. 沥青铺装结构方案研究现状

国外诸多学者经过几十年的实践和探索，给出了适合本国的桥面铺装结构和材料的推荐值[3,7]，这里不再赘述。虽然各国的桥面铺装结构有所差异，但基本都采用双层沥青铺装结构且在铺装层与桥面板间设置防水粘结层。我国早期从国外引进的桥面铺装技术并不能完全适用于国内桥梁，经过三十余年的研究与改进，涌现出了以浇筑式沥青混凝土（GA）、环氧沥青混凝土（EA）、沥青玛蹄脂碎石（SMA）和高模量沥青混凝土（HMAC）等典型沥青铺装材料为基础的主流铺装技术与桥面铺装结构[29]。我国规范给出了桥面铺装的一些规定与要求，如桥面铺装宜与公路路面相协调，应与桥梁上部结构综合考虑、协调设计；应设防水层，防水层材料应具有足够的粘结强度、防水能力、抗施工损伤能力和耐久性，可采用热沥青、涂膜等；高速公路与一级公路上的特大桥、大桥宜采用沥青混凝土桥面铺装，且总厚度不小于70mm，上层厚度不宜小于30mm[30]。

1.2.2 桥面防水层研究现状

从20世纪60年代开始，世界各国开始研究并大规模使用桥面防水层，形成了桥面防水层设计、桥面防水材料选择标准和防水体系设计施工等有关规范[31]。

1. 防水层材料

目前，水泥混凝土桥面防水层产品主要包括卷材类、涂料类和结构类防水层三类。

1）卷材类桥面防水层研究现状

防水卷材是桥面防水层的早期发展方向，自 20 世纪 80 年代以来，该技术发展迅猛。防水卷材是将防水材料粘贴到桥面板以形成有弹性的防水薄膜，进而隔断水与混凝土的接触起到防水作用。同时，具有渗透能力的防水材料可以阻塞桥面孔隙，强化混凝土的防水能力[32]。防水卷材的施工方法主要有冷粘法、自粘法、热熔法、焊接法、机械固定法等，国内以热熔法为主。我国颁布了《路桥用塑性体改性沥青防水卷材》JT/T 536—2018、《道桥用改性沥青防水卷材》JC/T 974—2005 两部有关防水卷材的规范。目前，工程常见的防水卷材有 SBS 改性沥青防水卷材（SBS 改性沥青作为涂盖层）、APP 改性沥青防水卷材和合成高分子防水卷材（合成橡胶、合成树脂或者两者的共混体作为涂盖层）等。

防水卷材具有重量轻、厚度易控制、延展性能好、抗拉及抗剪强度高的特点；与桥面及沥青铺装层层间结合紧密、适应变形能力强；同时具有耐热性能好、耐疲劳性能高、抗砸破能力强、污染小、防水性能强、适合机械化操作等优势。但防水卷材在桥面潮湿时粘结效果差；铺设需要多块拼接，搭接难度大，存在漏水风险，漏水后难以修复；人工烘烤熔化时卷材容易受热不均，难以满贴于水泥混凝土桥面上，只达到局部粘结；国内尚没有适用于桥面使用的防水卷材制造、设计、施工的标准规范[32]。

2）涂料类桥面防水层研究现状

防水涂料是近年来应用最广、用量最大的一类桥面防水材料。这种材料固化后形成具有一定延伸性、弹塑性、抗裂性、抗渗性及耐候性的防水薄膜，起到防水、防渗和保护桥面作用。我国颁布了《路桥用水性沥青基防水涂料》JT/T 535—2015、《道桥用防水涂料》JC/T 975—2005 两部规范指导防水涂料的设计与性能评价。常见的涂料类防水层主要有以下 7 种。

（1）SBS 改性沥青防水涂料

SBS 改性沥青防水涂料是以石油沥青为基料，以 SBS 为改性剂并添加多种辅助材料配制而成的防水涂料。郭鑫淼[33]认为 SBS 改性剂可以增强沥青的低温变形能力及耐高温性能，使得 SBS 改性沥青具有"刚柔并济"的力学特性。张锋等[34]发现随着 SBS 改性沥青防水涂料用量的增大，防水层的剪切、拉拔性能呈先增大、后减小的趋势。该涂料防水性能好、低温柔性好、延伸率高、粘结力强、施工方便，但抗拉、抗剪能力一般，对温度、接触面洁净程度要求较高，在施工过程中易因桥面层潮湿出现气泡，抗施工损伤、渗透性较差，施工过程中常出现粘轮起皮的损坏现象。

（2）橡胶改性沥青防水层

橡胶改性沥青防水涂料是以石油沥青为基料，以橡胶粉为改性剂并添加多种辅助材料配制而成的防水涂料。该防水涂料利用了大量废旧橡胶，不仅节约资源，而且路用性能优异，具有粘结能力强、高温稳定性好、施工工艺简单、延缓反射裂缝等优势。杨洪福等[35]发现该涂料的抗剪强度在高、低温条件下都较高，可在温差较大的地区推广使用，但存在抗施工损伤性能弱，对接触面洁净程度要求较高等问题[36]。

（3）改性乳化沥青防水涂料

乳化沥青是沥青和乳化剂在机械搅拌作用下，以细小的微粒分散于含有乳化剂及其助剂的水溶液中形成的水包油型乳液。在此基础上添加改性乳液形成改性乳化沥青防水涂料，通过破乳使水分蒸发，高分子改性沥青经过固体微粒靠近、接触变形等过程成膜，是一种无接缝、完整的防水膜。该涂料耐候、耐湿性能好，能在干燥、潮湿等多种基面上施工，粘结性能好，无毒、无污染，施工简便，成型速度快，满足快速施工开放交通的要求[37]。但由于成膜较薄，抗施工损伤能力差[38]。

目前常用的改性乳液包括氯丁胶乳、丁苯胶乳、羧基丁苯胶乳、羧基丁腈胶乳、丙烯酸乳液、环氧乳液、乙烯-乙酸乙烯胶乳等，各类乳液的性能有一定差异。氯丁胶乳力学性能好，耐老化性能优异，结晶速度快，但其成本高、耐寒性能低；丁苯胶乳低温性能优异，但其干膜强度较低，用量不宜过大；羧基丁苯胶乳及羧基丁腈胶乳能提高粘结强度，但低温性能较差；丙烯酸乳液的粘结效果极佳，稳定性好，但不易破乳，不宜用于喷涂速凝类沥青防水涂料；环氧乳液粘结强度大，但延伸率小；乙烯-乙酸乙烯胶乳粘结力特强，但耐老化性、耐水性、耐化学腐蚀性都相对较弱。

（4）环氧树脂改性沥青防水层

环氧树脂改性沥青是将环氧树脂加入沥青中，使沥青和环氧树脂经过物理共混，形成以沥青为分散相、环氧树脂为连续相的稳定体系，再与固化剂发生交联反应，形成不可逆的固化物[39]。关永胜等[40]、袁登全[41]发现环氧沥青从根本上改变了沥青的热塑性，赋予沥青良好的力学性能、高温性能、低温性能与抗变形、抗腐蚀、抗施工损伤能力，可用于裂缝较多的水泥混凝土桥面及跨海大桥桥面的防护。但环氧树脂改性沥青防水层价格高、施工难度大，不具有自愈性，在储存过程中容易发生分层现象，导致材料性能发生变化[42]。近年来，研究人员研制出常温下液态的水性环氧沥青防水涂料。李宇霞等[43]提出了NKY水性环氧沥青防水粘结层，王清洲等[44]对水性环氧乳化沥青桥面防水层的抗渗水性、力学性能进行了研究。这种材料可以快速固化，分散更均匀，粘结强度高，耐腐蚀能力强，可在热作用和碾压下与沥青混合料发生二次反应，将沥青混合料铺装层和水泥混凝土紧密粘结在一起，但费用高、对施工环境要求高。

（5）聚氨酯防水涂料

聚氨酯是由多异氰酸酯化合物与多元醇化合物反应形成的高分子材料。与传统防水涂料相比，聚氨酯防水涂料性能介于塑料和橡胶之间，最突出的优点是具有优良的弹性和延伸率以及良好的耐磨性能，在高温下不流淌、低温下不脆裂，对基层裂缝变形适应性强，耐久性和抗刺破性能好。但该涂料易沉淀，导致性能发生变化；容易产生结膜，与基层粘结性差、易鼓泡；对环境有一定的影响。近年来，研究人员研发出水性聚氨酯材料，它是以水性聚氨酯为基料，再配以填料和助剂等分散于水中。该涂料无毒、不燃、气味小、操作方便、易于清洗。但目前水性聚氨酯技术尚不够成熟，力学强度与耐水解性能不足[45]。

（6）FYT防水涂料

FYT防水涂料是由重交沥青、高聚合物、橡胶及改性材料制备而成的黑褐色防水涂料。张宏君等[46]发现该涂料分散性好，成膜时间短，抗渗、抗腐蚀性能强，施工简便，无毒无污染，抗拉、抗剪强度比防水卷材高出3~4倍。但FYT防水层时常会产生裂纹、气泡，抗施工损伤能力差并且施工时不易平整，易造成层间粘结力不足。

（7）纤维增强型防水涂料

纤维增强型防水涂料是在聚合物改性沥青涂料中加入纤维，与涂料施工时同步喷涂，使防水层中间形成一层均匀多相的"胎基"，以增强防水层的韧性。该防水涂料的抗拉、抗剪、抗硌破、抗施工损伤和抗老化能力强，能有效抵抗桥面微裂纹扩展，延长桥面层使用寿命。但其造价高，与沥青铺装层的粘结效果稍差。

3）结构类桥面防水层研究现状

结构类桥面防水层主要指碎石封层、沥青砂（浇筑式沥青）、稀浆封层等。碎石封层由专门的施工设备（同步洒布车）将热熔沥青与洁净干燥的碎石按序洒（撒）布在桥面上，形成一种以沥青为粘结材料的桥面防水层。邹友泉等[47]将同步碎石封层作为桥面防水粘结层应用于桥面铺装系统中。钱颖颖等[48]认为碎石封层可增强层间粘结力与抗剪力，抗热料刺破性能好，应力吸收能力强，防水性能优异。但也有研究发现该材料感温性强，抗剪、抗拉能力随温度升高显著降低，碾压过程中防水层有被碎石硌破穿孔的风险等[49]。

沥青砂是一种由沥青、矿粉和细集料组成的密级配沥青混合料，早期作为防水层铺设在水泥混凝土桥面上。该材料对桥面的适应能力强，具有良好的致密性、黏附性、耐久性和抗施工损伤能力，但对温度、湿度及桥面板的洁净程度较为敏感，容易出现集料剥离导致性能降低的现象；抗冻融性能及横向抗渗水性能一般[50,51]。

稀浆封层是一种由石屑或砂、乳化沥青、添加剂、水按比例配制而成的冷拌式混合料超薄柔性处理技术，固化后可形成沥青混合料薄层。该材料抗剪强度相对较好，与桥面的粘结性能好，能有效填补缝隙，耐磨性能与防滑作用优良，施工工艺成熟。但抗拉强度低，遇水后再次乳化导致材料变软；养护周期长，对天气状况较为敏感[52,53]。

2. 防水层性能及评价

国内外学者针对不同材料的防水层性能开展了评价方法及指标的研究。Jing等[54]对环氧沥青、SBS改性乳化沥青和玻璃纤维沥青防水层的剪切性能、粘结性能和疲劳性能开展研究，发现加入玻璃纤维后，沥青的3种性能都得到很大的改善。Ye等[55]采用灰色关联法分析了防水层剪切强度的影响因素。研究表明防水层的剪切性能应当作为桥面铺装设计的一个重要指标，影响层间剪切强度的最主要因素为温度。Jin等[56]采用层次分析方法（AHP）

对 SBS 改性沥青、SBS 乳化沥青、橡胶改性沥青和 AMP-100 防水材料的成本、施工难度、环保等因素进行了对比分析，结果表明 SBS 改性沥青最适用于季冻区桥面防水层。虢柱等[57]对比分析了 FYT-2 型和 SBS 改性沥青防水粘结涂料以及 SBS 改性沥青＋同步碎石防水粘结层的性能。结果表明：3 种防水粘结层的粘结性能、高温耐热性、低温柔韧性、耐酸碱盐腐蚀性、抗油污染性、不透水性及抗集料刺破性能等各有优劣；SBS 改性沥青＋同步碎石更适用于桥面防水粘结层。杨洪福等[58]研究了 SBS 改性沥青、环氧改性沥青、氯丁胶乳涂料、AR 改性沥青碎石 4 种防水粘结层的性能。结果表明，防水粘结层的弹性模量对其承受的最大剪应力影响较为显著，厚度影响较小；4 种防水粘结层抗剪强度差异性较大，橡胶改性沥青碎石在 0℃、45℃试验条件下的抗剪强度相对较高。

1.2.3　纤维沥青铺装材料研究现状

高速公路混凝土桥梁沥青铺装材料中广泛应用沥青玛蹄脂碎石（SMA）混合料，对于重载交通的铺装层有时根据需要掺加纤维。本书基于 SMA 混合料与纤维沥青混合料的优势，重点研发混合纤维 SMA，因此着重总结纤维沥青铺装材料的研究现状。

沥青混合料中掺加纤维是现有路面材料常用的一种改性方法。已有大量研究表明，在沥青中掺入纤维可显著提高沥青胶浆的高温稳定性、低温抗裂性与抗疲劳能力[59-63]。目前常用的路用纤维主要有木质素纤维、聚酯纤维、玄武岩纤维等。已有研究表明，不同种类纤维对沥青混合料性能的改善效果不尽相同，有各自的优势及不足[63]。木质素纤维对沥青吸附能力最强，在 SMA 混合料中应用最广，但其在高温下易变性失效，影响沥青混合料后期性能[64-67]；聚酯纤维具有较高的熔点和断裂延伸率，能改善沥青路面的抗弯拉能力，增强沥青混合料的低温抗裂性能[68-71]；玄武岩纤维是一种天然矿物纤维，具有良好的力学强度和耐久性，但造价相对较高[72-75]。

为进一步提高纤维材料的性能，国内外学者从 2000 年开始研究复合纤维材料的性能。Fu 等[76]分别制备了短玻璃纤维（SGF）、短碳纤维（SCF）与聚丙烯（PP）复合形成复合纤维材料，发现 SGF/PP 和 SCF/PP 复合材料的拉伸强度和模量均有所增加。高慧婷等[77]为改善混合料的低温性能，选用聚酯、聚丙烯腈、木质素纤维进行正交试验设计与混合料试验，研究表明聚酯、聚丙烯腈纤维对低温性能的提升效果优于木质素纤维；与单种纤维相比，复合纤维对低温性能的提升效果更好。张航、徐庆祥等[78,79]验证了复合纤维沥青混合料在高温持续荷载作用下的稳定性，分析表明不同纤维在沥青混合料中发挥协同作用，显著减小沥青混合料的高温流动变形。马峰等[80]采用正交设计方法对木质素纤维、聚酯纤维、玄武岩纤维进行复配，并以抗剪强度为指标，分析了各纤维的影响规律，确定了复合纤维各组分的最佳掺配比例。Zhang 等[81,82]验证了混合纤维在沥青路面中的优势，采用木质素纤维 1.8%（占沥青质量数）、聚酯纤维 2.4%与聚丙烯纤维 3.0%可以达到最好的增强效果。Huang 等[83]开展了纤维素纤维与玄武岩纤维混合改性 SMA 的研究，表明两种纤维适当的混合是一种平衡各种路用性能更经济的方式。总之，混合纤维沥青混合料由于兼具各单纤维改性的优势，使得混合料路用性能更加均衡且具有良好的经济性，应用前景广阔。

1.3 总结与分析

国内外学者在混凝土桥面沥青铺装结构力学计算分析、铺装结构设计方法、桥面防水层与沥青铺装材料研发等方面开展了大量研究，取得了丰硕成果。在这些研究的基础上，尚需对以下问题继续开展深入探讨与研究。

（1）铺装结构力学响应计算方法。现有的混凝土桥面沥青铺装结构力学计算中未考虑车辆动载与温度变化的耦合作用，大多仍采用静力学、动力学或单一形式热力耦合方法进行力学分析，缺乏对不同热力耦合作用的计算对比与分析。本书综合考虑车辆动载与温度变化耦合作用，提出了相应的计算方法，开展了桥面沥青铺装力学响应计算与分析。

（2）铺装结构设计方法。现有的设计指标及验算方法尚不能对混凝土桥面沥青铺装常见病害进行全面控制。本书基于桥面铺装典型病害的力学机理，结合现行《公路沥青路面设计规范》JTG D50，增加疲劳开裂和永久变形等验算指标。针对目前桥面沥青铺装结构方案相对单一的现状，开展了多种铺装结构组合设计与优化研究。

（3）防水层材料研发。目前大多数防水层材料在某些性能方面具有特定的优势，但有些材料尚不能完全满足现有规范对防水层的功能要求，缺乏足够的粘结强度、防水性能、抗施工损伤能力等。本书结合纤维增强型防水涂料与橡胶沥青碎石的优势，重点开发了纤维增强型复合防水层，开展了该防水层的优化设计与性能评估。

（4）沥青铺装材料研发。针对目前大交通量与重载交通对桥面铺装材料力学性能与路用性能的要求，基于铺装结构材料一体化的设计原则，结合沥青玛蹄脂碎石与纤维沥青混合料的优势，本书重点研发混合纤维SMA，开展了混合纤维SMA13优化设计、性能评价及应用验证。

参考文献

[1] 黄晓明. 水泥混凝土桥面沥青铺装层技术研究现状综述[J]. 交通运输工程学报, 2014, 14(1): 1-10.

[2] 汪双杰, 李志栋, 黄晓明. 水泥混凝土桥沥青铺装系设计与铺装技术发展[J]. 筑路机械与施工机械化, 2017, 34(2): 34-41.

[3] 王朝辉, 郭瑾, 陈宝, 等. 桥面铺装结构的应用现状与发展[J]. 筑路机械与施工机械化, 2017, 34(12): 42-52.

[4] 张占军. 水泥混凝土桥面沥青混凝土铺装结构研究[D]. 西安: 长安大学, 2000.

第 1 章 绪 论

[5] 张占军, 胡长顺, 王秉纲. 水泥混凝土桥面沥青混凝土铺装结构设计方法研究[J]. 中国公路学报, 2001(1): 58-61.

[6] SEIM C, INGHAM T. Influence of Wearing Surfacing on Performance of Orthotropic Steel Plate Decks [J]. Transportation Research Record: Journal of the Transportation Research Board, 2004, 1892: 98-106.

[7] 王少华. 连续梁桥沥青混凝土桥面铺装层的结构设计研究[D]. 济南: 山东大学, 2008.

[8] 钱航. 温度-荷载耦合作用下大跨径悬索桥面铺装力学分析[D]. 南京: 东南大学, 2017.

[9] 王勋涛, 封建湖, 王虎. 层间接触时空心板桥铺装层应力分析[J]. 公路, 2017, 62(6): 14-22.

[10] 王勋涛, 封建湖, 王虎. 简支箱梁桥沥青铺装层层间接触分析[J]. 武汉大学学报(工学版), 2017, 50(1): 107-113.

[11] 王勋涛, 封建湖, 王虎. 连续箱梁桥沥青混凝土铺装层间接触应力分析[J]. 江苏大学学报(自然科学版), 2016, 37(6): 706-712.

[12] 张逸琳. 城市高架桥沥青铺装结构受力特征及其粘结层受力研究[D]. 成都: 西南交通大学, 2017.

[13] 姚坤. 防水粘结层对混凝土桥桥面铺装受力的影响分析[D]. 西安: 长安大学, 2018.

[14] 孙建邦, 陈辉强, 方源仁, 等. 移动荷载下桥面防水黏结层剪应力有限元分析[J]. 中外公路, 2019, 39(1): 126-130.

[15] 张化涛. 沥青混凝土桥面铺装层在温度和动载作用下的力学响应分析[D]. 西安: 长安大学, 2019.

[16] GONG M, ZHOU B, CHEN J, et al. Mechanical response analysis of asphalt pavement on concrete curved slope bridge deck based on complex mechanical system and temperature field [J]. Construction and Building Materials, 2021, 276: 122-206.

[17] 柳海涛. 混凝土桥面沥青铺装层修筑技术研究[D]. 西安: 长安大学, 2014.

[18] 刘苏. 混凝土桥沥青混凝土桥面铺装层间稳定性分析[D]. 西安: 长安大学, 2017.

[19] 张文慧. 湿热重载条件下混凝土桥梁沥青铺装防水粘结层的性能研究[D]. 广州: 广州大学, 2017.

[20] 袁成刚. 水泥混凝土桥面铺装材料与结构研究[D]. 西安: 长安大学, 2011.

[21] 徐勤武. 水泥混凝土桥桥面铺装计算分析和设计研究[D]. 西安: 长安大学, 2004.

[22] 李雪莲. 系杆拱桥面铺装结构力学性能研究[D]. 长沙: 长沙理工大学, 2005.

[23] 于颖. 水泥混凝土桥桥面铺装受力机理分析[D]. 重庆: 重庆交通大学, 2008.

[24] 雷宗建. 混凝土桥面沥青铺装结构设计及层间性能评价方法研究[D]. 西安: 长安大学, 2012.

[25] 陈攀, 潘宝林. 水泥混凝土桥面铺装结构设计方法[J]. 城市道桥与防洪, 2012(7): 177-179.

[26] 刘黎萍, 胡晓, 孙立军, 等. 基于抗剪性能的混凝土桥沥青铺装设计方法[J]. 同济大学学报(自然科学版), 2013, 41(1): 89-94.

[27] 王光谱. 混凝土箱梁桥面铺装力学行为与结构优化设计[D]. 西安: 长安大学, 2016.

[28] 杨鑫. 箱梁桥混凝土桥面沥青铺装受力特性研究[D]. 长沙: 长沙理工大学, 2017.

[29] 于华洋, 马涛, 王大为, 等. 中国路面工程学术研究综述. 2020[J]. 中国公路学报, 2020, 33(10): 1-66.

[30] 中华人民共和国交通运输部. 公路沥青路面设计规范: JTG D50—2017[S]. 北京: 人民交通出版社, 2017.

[31] 范虎彪. 水泥混凝土桥面防水黏结层选择与应用[D]. 北京: 北京工业大学, 2019.

[32] 朱贤明, 雷俊卿. 路桥用 APP 防水卷材的防水机理分析与应用[J]. 公路交通技术, 2004(6): 46-50.

[33] 郭鑫淼. 水泥混凝土桥铺装层防水黏结材料性能研究[D]. 西安: 长安大学, 2009.

[34] 张锋, 李梦琪, 王天宇, 等. 水泥混凝土桥面复合防水黏结层的性能[J]. 哈尔滨工业大学学报, 2020, 52(3): 26-32.

[35] 杨洪福, 成志强. 桥面防水黏结层材料性能优选及工程应用[J]. 公路, 2021, 66 (5): 37-43.

[36] 陶国星. 橡胶沥青碎石封层在水泥混凝土桥面防水中的应用与研究[D]. 沈阳: 沈阳建筑大学, 2015.

[37] 杨炎生, 李宁, 李恩光, 等. 快速施工水泥混凝土桥面防水黏结层用乳化沥青应用性能研究[J]. 石油沥青, 2018, 32(3): 1-6.

[38] 李晴龙, 田益, 张鸣. 乳化沥青防水涂料黏结强度的影响因素研究[J]. 新型建筑材料, 2019, 46(6): 96-98.

[39] 冯黎喆. 道桥用环氧树脂改性沥青材料的配方研究[J]. 中国建筑防水, 2012(2): 1-5.

[40] 关永胜, 韩超, 李明俊, 等. 水泥混凝土桥面改性环氧树脂防水黏结层性能[J]. 建筑材料学报, 2013, 16(5): 894-897+902.

[41] 袁登全. 环氧树脂改性沥青及混合料性能研究[D]. 南京: 东南大学, 2006.

[42] 张艳银, 陈守明, 陈伟三. 高性能环氧树脂改性沥青道路材料的研究综述[J]. 中国建筑防水, 2011(4): 12-15.

[43] 李宇霞, 王红军. NKY 水性环氧沥青防水黏结层材料在水泥混凝土桥面上的应用研究[J]. 公路交通科技(应用技术版), 2013, 9(11): 343-344+347.

[44] 王清洲, 马小江, 徐大伟, 等. 水性环氧乳化沥青桥面防水黏结层的性能研究[J]. 材料保护, 2021, 54(10): 68-72.

[45] 郁维铭. 聚氨酯及聚脲防水涂料技术综述[J]. 新型建筑材料, 2009, 36(12): 64-67.

[46] 张宏君, 李振霞, 王选仓, 等. FYT 涂膜类防水黏结材料路用性能[J]. 交通运输工程学报, 2009, 9(3): 34-38.

[47] 邹友泉, 赵喆. 同步碎石防水黏结层在水泥混凝土桥面体系中的应用[J]. 现代交通技术, 2012, 9(4): 21-24.

[48] 钱颖颖, 高尚, 陈骏. 同步碎石桥面防水黏结层试验研究及应用[J]. 交通世界(建养•机械), 2015(7): 136-137+61.

[49] 王军革, 陈小雪, 李志栋, 等. 水泥混凝土桥面同步碎石防水黏结层抗剪及黏结性能评价研究[J]. 交通世界(建养•机械), 2010(8): 72-75.

[50] 韩雪峰. 改性沥青砂在桥面铺装防水黏结层中的应用[D]. 沈阳: 沈阳建筑大学, 2015.

[51] 米峻, 李爱国, 王玉臣, 等. AC-5 沥青砂桥面防水黏结层施工技术[J]. 筑路机械与施工机械化, 2013, 30(2): 69-71.

[52] 刘梦梅, 韩森, 杨赫, 等. 桥面铺装不同防水黏层的工程适用性[J]. 深圳大学学报(理工版), 2020, 37(1): 103-110.

[53] 徐蔚. 对稀浆封层应用于桥面防水的几点认识[J]. 交通标准化, 2012(5): 116-117.

[54] JING T, LEI Z, BO Y. Performance of fiberglass asphalt as waterproof and cohesive layer of bridge deck[C]//International Conference on Transportation Engineering. 2011.

[55] YE F, ZHOU K, JIA X, et al. Evaluation of Shear Performance of Flexible Waterproof-adhesive Layer in Concrete Bridge Pavement Based on Grey Correlation Analysis [J]. Road Materials and Pavement Design, 2009, 10(S1): 349-360.

[56] JIN W, ZHAO Y, WANG W, et al. Performance Evaluation and Optimization of Waterproof Adhesive Layer for Concrete Bridge Deck in Seasonal Frozen Region Using AHP[J]. Advances in Materials Science and Engineering, 2021, 2021(5): 1-12.

[57] 虢柱, 周志刚, 邓长清, 等. 不同水泥混凝土桥面沥青铺装防水黏结层性能分析[J]. 公路, 2018, 63(9): 87-93.

[58] 杨洪福, 成志强. 桥面防水黏结层材料性能优选及工程应用[J]. 公路, 2021, 66(5): 37-43.

[59] 吕伟民. 沥青混合料设计原理与方法[M]. 上海: 同济大学出版社, 2001.

[60] 张争奇, 胡长顺. 纤维加强沥青混凝土几个问题的研究和探讨[J]. 西安公路交通大学学报, 2001(1): 29-32.

[61] 陈华鑫, 李宁利, 胡长顺, 等. 纤维沥青混合料路用性能[J]. 长安大学学报(自然科学版), 2004(2): 1-6.

[62] 沈金安. SMA 路面中各种纤维应用现状及发展趋势[C]//第五届全国路面材料及新技术研讨会. 上海: 中国公路学会, 2004: 1-6.

[63] SLEBI-ACEVEDO CJ, LASTRA-GONZÁLEZ P, PASCUAL-MUÑOZ P, CASTRO-FRESNO D. Mechanical performance of fibers in hot mix asphalt: A review. Construction and Building Materials, 2019, 200: 756-769.

[64] 岳红波, 陈筝, 叶群山, 等. 混杂纤维沥青胶浆及其混合料性能研究[J]. 武汉理工大学学报, 2007(9): 31-34.

[65] 王发洲, 张运华, 刘小星. 混杂纤维增强沥青混合料的性能研究[J]. 湖南科技大学学报(自然科学版), 2008(2): 71-74.

[66] 肖鹏, 吴帮伟, 徐亚, 等. 使用不同纤维的 SMA 路用性能试验研究[J]. 中外公路, 2014, 34(2): 302-306.

[67] 彭波. 木质素纤维在沥青混合料中的应用[J]. 西安建筑科技大学学报(自然科学版), 2005(1): 104-107.

[68] 郝景贤. 聚酯纤维对沥青混合料的性能影响研究[J]. 公路, 2015, 60(5): 194-197.

[69] 吴萌萌, 李睿, 张玉贞, 等. 纤维沥青胶浆高低温性能研究[J]. 中国石油大学学报(自然科学版), 2015, 39(1): 169-175.

[70] PUNYA MURTY KATHARI. Rheological Properties of Polypropylene Reinforced Asphalt Binder [J]. Transportation Infrastructure Geotechnology, 2016, 3(3/4): 109-126.

[71] SUN CHANG JUN, TANG NING, PAN PAN, et al. Rheological Properties of Conductive Asphalt Binders Containing Graphite and Carbon Fiber Before and After Ageing [J]. Journal of Wuhan University of Technology-Mate, 2013, 28(3): 557-559.

[72] 文月皎. 玄武岩纤维沥青混合料增强机理及路用性能研究[D]. 长春: 吉林大学, 2017.

[73] 范文孝. 玄武岩纤维增强路面材料性能试验研究[D]. 大连: 大连理工大学, 2011.

[74] 覃潇, 申爱琴, 郭寅川. 玄武岩纤维沥青胶浆性能试验研究[J]. 建筑材料学报, 2016, 19(4): 659-664.

[75] 韦佑坡, 张争奇, 司伟, 等. 玄武岩纤维在沥青混合料中的作用机理[J]. 长安大学学报(自然科学版), 2012, 32(2): 39-44.

[76] S Y FU, B LAUKE, E MÄDER; et al. properties of short-glass-fiber-and short-carbon-fiber-reinforced polypropylene composites[J]. Composites Part A Applied Science and Manufacturing, 2000, 31(10): 1117-1125.

[77] 高慧婷, 张颖, 张亮, 等. 混杂纤维沥青混合料低温抗裂性的研究[J]. 吉林建筑工程学院学报, 2011, 28(3): 37-39.

[78] 张航, 徐金枝, 郝培文, 等. 高温持续荷载作用下复合纤维对沥青混合料稳定性的影响[J]. 复合材料学报, 2017, 34(10): 2344-2355.

[79] 许庆祥. 复合纤维 SMA-13 沥青混合料路用性能研究[D]. 长沙: 长沙理工大学, 2017.

[80] 马峰, 李永波, 傅珍, 等. 复合纤维沥青混合料路用性能研究[J]. 河南理工大学学报(自然科学版), 2020, 39(1): 157-163.

[81] ZHANG H, HAO P, PANG Y, et al. Design Method and Cost-Benefit Analysis of Hybrid Fiber Used in Asphalt Concrete[J]. Advances in Materials Science and Engineering, 2016: 1-9.

[82] ZHANG H, XU J Z, HAO P W, et al. The influence of composite fiber on the stability of asphalt mixture under high temperature and continuous load[J]. Journal of Composite Materials, 2017, 34(10): 2344-2355.

[83] HUANG Y, LIU Z, LIU L, et al. Hybrid Modification of Stone Mastic Asphalt with Cellulose and Basalt Fiber[J]. Advances in Materials Science and Engineering, 2020(6): 1-11.

第 2 章

混凝土桥面沥青铺装病害现场调研与分析

第2章

通过在役桥梁桥面沥青铺装病害现场调研，探求病害发生的机理，为基于性能的混凝土桥面沥青铺装结构设计提供科学依据。本章依托青临高速公路 6 座典型桥梁的桥面铺装养护工程，通过资料收集、现场察看、测量、无人机航拍、钻芯取样、室内试验等技术手段调研病害发生的主要类型及程度，总结分析病害分布规律与产生的原因，提出初步的防治建议。

2.1 概述

2.1.1 调研内容

调研工程为青临（青州至临沭）高速公路，该公路于 2009 年 6 月开工建设，2013 年 1 月通车，是国家高速公路网 9 条纵线之一长深高速公路（G25）重要的一段。全线采用双向六车道高速公路标准建设，路基全宽 34.5m，设计速度 120km/h，汽车荷载等级为公路-Ⅰ级。全线设有 617 座桥梁，其中特大桥 1 座、大桥 65 座、中桥 196 座、小桥 355 座。按上部结构的材料组成和结构类型分为钢筋混凝土简支梁、钢筋混凝土连续梁、板拱、预应力混凝土简支梁、预应力混凝土连续梁、预应力混凝土刚构 6 种结构形式。该公路自通车以来，总体路况质量优良，但部分桥梁如弥河大桥、龟山子中桥、沭河特大桥等桥面沥青铺装出现大面积坑槽、唧浆等病害，局部桥面铺装破损，经过多次局部修补仍无法彻底解决，已明显影响行车舒适性及安全性。为深入探究水泥混凝土桥面沥青铺装病害发生的类型、程度、分布规律与病害机理，结合当年的桥梁养护工程时机，选定 6 座典型的混凝土桥梁开展现场调研，其中 4 座连续梁桥，分别为弥河大桥、大关大桥、沭河特大桥、祝家东沟大桥；2 座简支梁桥，分别为龟山子中桥、坊石路分离立交桥。调研内容包括桥梁及相关路段的设计与施工资料、气象资料、2019 年的交通量、病害位置及程度、现场取芯等。

2.1.2 调研方法

设计与施工、交通量、气象等资料通过向山东高速潍坊发展有限公司、潍坊气象局查询及询问的方法搜集；桥面铺装病害位置及程度的确定、现场取芯等采用以下方法：

（1）封控路段采用现场观察与测量的方法确定病害类型及尺寸，根据病害边缘和钻芯处与伸缩缝、应急车道线的距离进行定位，按照病害发生的位置、数量、面积等指标分类统计；未封控路段采用无人机航拍确定病害类型及位置。

（2）按照《公路路基路面现场测试规程》JTG 3450—2019 规定的方法钻芯取样，在铺装层路况较好的路段选取芯样 11 个，在病害严重的路段选取芯样 14 个，合计 25 个芯样。

（3）采用无人机航拍技术对 6 座桥梁的桥面进行拍照与视频录制，总体上观察及统计整个桥面的病害分布情况，形成影像资料。

2.1.3 术语及说明

（1）桥梁联数

两相邻伸缩缝之间的桥梁称作一联。参照竣工图的定义方法，桥梁联数由小桩号（长春方向）向大桩号（深圳方向）分别记为第一联、第二联、…、第N联。

（2）桥梁每联的跨数

两相邻桥墩之间的桥梁称作一跨。长春方向（简称 N 方向）的桥梁，由南向北分别记为第一跨、第二跨、…、第N跨。深圳方向（简称 S 方向）的桥梁，由北向南分别记为第一跨、第二跨、…、第N跨。

（3）桥面铺装区域划分

桥面铺装横向上各车道的车辆荷载与速度不同，由中央分隔带从里至外设置第一车道（超车道）、第二车道、第三车道共 3 个区域。纵向上，连续梁桥恒载弯矩占总弯矩的比例较大，支座处控制设计的是负弯矩，跨中处控制设计的是正弯矩，因此纵向区域划分跨中处区域和支座处区域两种情况；边跨上不同位置的受力情况也不同，支座处的差异尤甚，因此纵向区域划分长春（N）和深圳（S）两个方向；中间跨的 1/4 跨中处弯矩很小，反弯点也在该区域附近，边跨的 1/4 跨中处与中间跨的受力情况也不同。因此，在纵向上设置 5 个区域，即 N 方向支座处、N 方向 1/4 跨中处、跨中处、S 方向 1/4 跨中处、S 方向支座处，每跨桥面铺装共分成 15 个区域。

每联桥、每座桥的区域划分方法与每跨桥的区域划分方法也有所不同，具体如下。

纵向上：（1）对于连续梁桥，每联桥的边跨受力与中间跨受力情况也有所差异，滑动支座处与固定支座处的差异尤甚。边跨各区域的受力情况均不相同，而中间跨两个方向的支座处和 1/4 跨中处受力情况相同。因此，每联桥在纵向上分为滑动支座处、边跨靠滑动支座的 1/4 跨中处、边跨跨中处、边跨靠固定支座的 1/4 跨中处、固定支座处、中间跨 1/4 跨中处、中间跨跨中处 7 个区域来统计。（2）对于简支梁桥，每联桥的边跨受力与中间跨的受力情况相同，每跨两个方向的支座处和 1/4 跨中处受力情况也相同。因此，每联桥在纵向上分为支座处、1/4 跨中处、跨中处 3 个区域来统计。

横向上：每联桥的区域划分方法与每跨桥的区域划分方法一致，不论是连续梁桥还是简支梁桥，都分为第一车道、第二车道、第三车道 3 个区域。

2.1.4 病害统计指标

调研的养护历史资料表明，以往的病害绝大多数都是坑槽，且大多数病害都已修补过。由于受现场交通管制及安全考虑，无法精确测量所有病害，只能大致按矩形测量封路范围内的修补块面积；未封路段无法测量病害尺寸，需结合航拍图像对病害数量进行统计，并按照上述划分的区域对病害位置定位。因此，病害程度采用坑槽（修补块）的面积和数量

（处）两个指标来表征。对于病害面积的统计，需确定每处修补块与坑槽所在的区域、长度、宽度；对于病害数量的统计，横向上和纵向上都按区域划分，即如有一处病害跨N个区域，统计上则认为有N处病害。

2.2 病害现场调研及分析

2.2.1 弥河大桥（长春方向）病害

1. 定位方法

弥河大桥为钢筋混凝土连续梁桥，共六联，其中第一联至第四联每联四跨，每跨30m；第五联至第六联每联三跨，每跨30m。

（1）纵向定位：距支座前后5m为支座处，距支座5~10m为1/4跨中处，距支座10~15m为跨中处。

（2）横向定位：第一车道、第二车道、第三车道，各桥相同，后面不再赘述。

2. 病害分布统计

病害形式、位置与破损面积的统计见表2-1~表2-4，第一联和第六联没有明显的病害，航拍的病害分布情况如图2-1所示。

弥河大桥第二联病害分布　　　　表2-1

跨编号	病害形式	横向位置	横向长度/m	纵向位置	纵向长度/m	面积/m²
2	修补块	第三车道	1.7	N方向支座处（27~28m处）	1.6	2.62
4	修补块	第二车道	1.5	S方向1/4跨中处（7~9m处）	2.9	4.35
4	坑槽	第二车道	0.3	N方向1/4跨中处（22~23m处）	1.1	0.33

弥河大桥第三联病害分布　　　　表2-2

跨编号	病害形式	横向位置	横向长度/m	纵向位置	纵向长度/m	面积/m²
1	修补块	第三车道	2.4	S方向支座处（4~6m处）	1.6	3.88
1	修补块	第三车道	1.4	纵向位置为跨中处（16~18m处）	1.9	2.73
1	修补块	第一车道	—	S方向1/4跨中处（约6m处）	—	—
3	修补块	第三车道	1.9	N方向1/4跨中处（20~22m处）	1.8	3.51
3	修补块	第三车道	2.2	N方向1/4跨中处（22~24m处）	1.7	3.93
4	修补块	第三车道	2.9	N方向的支座处（27~29m处）	1.7	5.05

弥河大桥第四联病害分布　　　　表2-3

跨编号	病害形式	横向位置	横向长度/m	纵向位置	纵向长度/m	面积/m²
1	修补块	第二车道	—	S方向1/4跨中处（9~10m处）	—	—

019

弥河大桥第五联病害分布　　　　　　　　　　　表2-4

跨编号	病害形式	横向位置	横向长度/m	纵向位置	纵向长度/m	面积/m²
2	修补块	第三车道	3.9	跨中处（16～20m处）	3.7	14.43
	修补块	第三车道	3.9	N方向1/4跨中处（20～25m处）	5	19.5
	修补块	第三车道	3.9	N方向支座处（25～30m处）	5	19.5
	修补块	第二车道	1.3	N方向的支座处（27～29m处）	2.1	2.85
	修补块	第二车道	0.4	N方向的支座处（约28m处）	0.4	0.17

图2-1　弥河大桥典型病害

3. 病害统计小结

弥河大桥（长春方向）共有14处修补，1处坑槽。由于受现场封路及安全等因素限制，实测12处修补，1处坑槽。本桥的病害统计见表2-5、表2-6。

弥河大桥病害横向分布统计　　　　　　　　　　　表2-5

指标	第一车道	第二车道	第三车道
病害数量/处	1	5	9
数量占比/%	6.7	33.3	60
病害面积/m²	0	7.70	75.15
面积占比/%	0	9.3	90.7

弥河大桥病害纵向分布统计　　　　　　　　　　　表2-6

指标	滑动支座处	边跨靠滑动支座的1/4跨中处	边跨跨中处	边跨靠固定支座的1/4跨中处	固定支座处	中间跨1/4跨中处	中间跨跨中处
病害数量/处	3	1	1	0	4	5	1
数量占比/%	20	6.7	6.7	0	26.7	33.3	6.7
病害面积/m²	3.88	0	2.73	0	21.17	31.63	17.45
面积占比/%	4.7	0	3.3	0	32.8	38.2	21.1

2.2.2 大关大桥（深圳方向）病害

1. 定位方法

大关大桥为钢筋混凝土连续梁桥，共三联，每联三跨，每跨30m。纵向定位：距支座前后 5m 区域为支座处，距支座 5~10m 区域为 1/4 跨中处，距支座 10~15m 区域为跨中处。

2. 病害分布统计

病害统计见表 2-7~表 2-9，典型病害照片见图 2-2。

大关大桥第一联病害分布　　　　　　　　　　　　　表 2-7

跨编号	病害形式	横向位置	横向长度/m	纵向位置	纵向长度/m	面积/m²
1	修补块	第二车道	1.5	S 方向 1/4 跨中（23~25m 处）	2	3.0
	修补块	第二车道	1.5	S 方向支座处（25~26m 处）	1	1.56

大关大桥第二联病害分布　　　　　　　　　　　　　表 2-8

跨编号	病害形式	横向位置	横向长度/m	纵向位置	纵向长度/m	面积/m²
1	修补块	第三车道	3.9	S 方向 1/4 跨中（21~25m 处）	3.8	14.74
	修补块	第三车道	0.6	S 方向支座处（约 26m 处）	0.7	0.45
	坑槽	第三车道	0.17	S 方向支座处（约 28m 处）	0.33	0.0561
	修补块	第三车道	2.5	S 方向支座处（28~30m 处）	1.4	3.44
2	修补块	第三车道	2.5	N 方向支座处（0~2m 处）	2.3	5.66
	修补块	第三车道	3.8	N 方向 1/4 跨中（9~23m 处）	1.4	5.32
	修补块	第三车道	3.8	跨中处（9~23m 处）	10	38
	修补块	第三车道	3.8	S 方向 1/4 跨中（9~23m 处）	2.4	9.12
	修补块	第三车道	3.8	S 方向支座处（25~27m 处）	1.9	7.39
	修补块	第三车道	1.6	S 方向支座处（约 29m 处）	0.9	1.49
3	修补块	第二车道	—	N 方向支座处（4~6m 处）	—	—

大关大桥第三联病害分布　　　　　　　　　　　　　表 2-9

跨编号	病害形式	横向位置	横向长度/m	纵向位置	纵向长度/m	面积/m²	深度/mm
1	修补块	第一车道	2.3	N 方向支座处（1~5m 处）	3.6	8.47	—

图 2-2　大关大桥典型病害

3. 病害统计小结

大关大桥共有 13 处修补，1 处坑槽，实测 12 处修补，1 处坑槽。病害统计见表 2-10、

表 2-11。

大关大桥病害横向分布统计   表 2-10

指标	第一车道	第二车道	第三车道
病害数量/处	1	3	10
数量占比/%	7.1	21.4	71.5
病害面积/m²	8.47	4.56	86.56
面积占比/%	8.5	4.6	86.9

大关大桥病害纵向分布统计   表 2-11

指标	滑动支座处	边跨靠滑动支座的 1/4 跨中处	边跨跨中处	边跨靠固定支座的 1/4 跨中处	固定支座处	中间跨 1/4 跨中处	中间跨跨中处
病害数量/处	1	0	0	2	8	2	1
数量占比/%	7.1	0	0	14.3	57.1	14.3	7.1
病害面积/m²	8.74	0	0	17.74	20.94	14.1	38
面积占比/%	8.5	0	0	17.8	21	14.5	38.2

2.2.3 沭河特大桥（长春方向）病害

1. 定位方法

沭河特大桥为钢筋混凝土连续梁桥，共十三联：其中第一联、第十三联每联三跨，每跨 40m；第二联至第九联每联四跨，每跨 30m；第十联每联五跨，每跨 30m；第十一联至第十二联每联三跨，每跨 30m。

纵向定位：第一联和第十三联，距支座前后 7m 区域为支座处，距支座 7~13m 区域为 1/4 跨中处，距支座 13~20m 区域为跨中处；第二联至第十二联，距支座前后 5m 区域为支座处，距支座 5~10m 区域为 1/4 跨中处，距支座 10~15m 区域为跨中处。

2. 病害分布统计

因特大桥封控严格限制，仅测得少量病害的尺寸，主要依据无人机拍摄的图像判定病害类型及位置。病害统计具体内容见表 2-12~表 2-16，典型病害情况如图 2-3 所示。

沭河特大桥第一、二、三联病害分布   表 2-12

联编号	跨编号	病害形式	横向位置	纵向位置
一	第二跨	车辙	第一车道	S 方向 1/4 跨中、跨中处、N 方向 1/4 跨中处
二	第一跨	修补块	第二车道	S 方向支座处
二	第三跨	修补块	第二车道	N 方向 1/4 跨中处、N 方向支座处
二	第四跨	修补块	第二车道	S 方向 1/4 跨中处、S 方向支座处、跨中处
二	第四跨	车辙	第一车道	跨中处、N 方向 1/4 跨中处

续表

联编号	跨编号	病害形式	横向位置	纵向位置
三	第一跨	修补块	第二车道	S方向1/4跨中处、S方向支座处、跨中处
		修补块	第三车道	S方向1/4跨中处、S方向支座处、跨中处
		修补块	第一车道	N方向1/4跨中处
	第四跨	修补块	第一车道	N方向支座处

沭河特大桥第四、五联病害分布　　　　表2-13

联编号	跨编号	病害形式	横向位置	纵向位置
四	第一跨	修补块	第二车道	S方向1/4跨中处
		修补块	第一车道	S方向支座处
	第二跨	修补块	第二车道	跨中2处、N方向支座处
	第三跨	修补块	第二车道	N方向支座处、跨中处
	第四跨	修补块	第二车道	N方向支座处
五	第一跨	修补块	第二车道	S方向支座处、S方向1/4跨中处、跨中处、N方向1/4跨中处
		修补块	第三车道	S方向支座处、S方向1/4跨中处、跨中处、N方向1/4跨中处
	第二跨	修补块	第一车道	N方向1/4跨中处、N方向支座处
		修补块	第二车道	N方向1/4跨中处、N方向支座处
		修补块	第三车道	N方向1/4跨中处、N方向支座处
	第三跨	修补块	第二车道	N方向1/4跨中处、N方向支座处
		修补块	第三车道	N方向1/4跨中处、N方向支座处
	第四跨	修补块	第一车道	S方向支座处
		修补块	第二车道	S方向支座处、跨中处
		修补块	第三车道	S方向支座处
		修补块	第二车道	

沭河特大桥第六、七联病害分布　　　　表2-14

联编号	跨编号	病害形式	横向位置	横向长度/m	纵向位置	纵向长度/m	面积/m²
六	第一跨	修补块	第二车道	3.4	跨中处	1.7	5.78
			第二车道	3.75	跨中处	2	7.5
			第二车道	3.75	N方向1/4跨中处	5	18.75
			第二车道	3.75	N方向支座处	5	18.75
			第三车道	3.75	跨中处	2	7.5
			第三车道	3.75	N方向1/4跨中处	5	18.75
			第三车道	3.75	N方向支座处	5	18.75

续表

联编号	跨编号	病害形式	横向位置	横向长度/m	纵向位置	纵向长度/m	面积/m²
六	第二跨	修补块	第二车道	3.75	S方向支座处	5	18.75
			第二车道	3.75	S方向1/4跨中处	5	18.75
			第二车道	3.75	跨中处	8.7	32.625
			第三车道	3.75	S方向支座处	5	18.75
			第三车道	3.75	S方向1/4跨中处	3.1	11.63
			第三车道	1.6	跨中处	1.6	2.56
	第三跨	修补块	第三车道	1.6	跨中处	1.6	2.56
			第三车道	1.6	S方向1/4跨中处	1.4	2.36
			第三车道	1.2	跨中处	1.7	2.09
			第二车道	0.6	N方向1/4跨中处	1.7	0.94
	第四跨	修补块	第三车道	3.7	N方向1/4跨中处	3.6	13.68
			第三车道	1.3	N方向1/4跨中处	4.9	6.43
七	第一跨	修补块	第三车道	2.5	S方向支座处	1.9	4.74
	第四跨	修补块	第三车道	2.5	N方向1/4跨中处	1.9	4.75

沭河特大桥第八、九联病害分布　　　　　　　　表2-15

联编号	跨编号	病害形式	横向位置	纵向位置
八	第一跨	修补块	第二车道	双向支座处、S方向1/4跨中、跨中处、N方向1/4跨中处
			第三车道	跨中处
	第二跨	修补块	第二车道	双向支座处、S方向1/4跨中处、跨中处、N方向1/4跨中处
	第三跨	修补块	第二车道	双向支座处、S方向1/4跨中处、跨中处、N方向1/4跨中处
	第四跨	修补块	第二车道	双向支座处、S方向1/4跨中处、跨中处、N方向1/4跨中处
		车辙	第三车道	双向支座处、S方向1/4跨中处、跨中处、N方向1/4跨中处
九	第一跨	车辙	第三车道	双向支座处、S方向1/4跨中处、跨中处、N方向1/4跨中处
		车辙	第二车道	S方向支座处
	第二跨	修补块	第二车道	S方向支座处、S方向1/4跨中处、跨中处、N方向1/4跨中处
	第三跨	修补块	第一车道	N方向1/4跨中处、N方向支座处
			第二车道	N方向1/4跨中处、N方向支座处
			第三车道	N方向1/4跨中处、跨中处、N方向支座处
	第四跨	修补块	第一车道	S方向1/4跨中处、S方向支座处
			第三车道	S方向1/4跨中处、S方向支座2处、S方向1/4跨中处
			第三车道	跨中处、N方向1/4跨中处、N方向支座处

沭河特大桥第十联至第十三联病害分布　　　　表 2-16

联编号	跨编号	病害形式	横向位置	纵向位置
十	第一跨	修补块	第一车道	双向支座处、S 方向 1/4 跨中处、跨中处、N 方向 1/4 跨中处
		修补块	第二车道	双向支座处、S 方向 1/4 跨中处、跨中处、N 方向 1/4 跨中处
	第二跨	修补块	第一车道	S 方向支座处
		修补块	第二车道	双向支座处、S 方向 1/4 跨中处、跨中处、N 方向 1/4 跨中处
	第三跨	修补块	第二车道	双向支座处、S 方向 1/4 跨中处、跨中处、N 方向 1/4 跨中处
	第四跨	修补块	第一车道	N 方向支座处
		修补块	第二车道	S 方向支座处、S 和 N 方向 1/4 跨中各 2 处、跨中 2 处
十一	第一跨	修补块	第二车道	双向支座处、S 方向 1/4 跨中处、跨中处、N 方向 1/4 跨中处
	第二跨	修补块	第二车道	双向支座处、S 方向 1/4 跨中处、跨中处、N 方向 1/4 跨中处
	第三跨	修补块	第一车道	S 方向支座处
		修补块	第二车道	双向支座处、S 方向 1/4 跨中处、跨中处、N 方向 1/4 跨中处
十二	第一跨	修补块	第二车道	双向支座处、S 方向 1/4 跨中处、跨中处、N 方向 1/4 跨中处
	第二跨	车辙	第一车道	N 方向支座处
		修补块	第二车道	双向支座处、S 方向 1/4 跨中处、跨中处、N 方向 1/4 跨中处
	第三跨	车辙	第一车道	S 方向 1/4 跨中处、跨中处、N 方向 1/4 跨中处、N 方向支座处
		修补块	第二车道	双向支座处、S 方向 1/4 跨中处、跨中处、N 方向 1/4 跨中处
十三	第二跨	修补块	第一车道	S 方向支座处、跨中处
	第三跨	修补块	第一车道	S 方向 1/4 跨中处、跨中处、N 方向 1/4 跨中处
		修补块	第二车道	S 方向 1/4 跨中处、跨中处、N 方向 1/4 跨中处
		修补块	第三车道	S 方向 1/4 跨中处、跨中处、N 方向 1/4 跨中处

(a) 车辙　　　　　　　　　　　(b) 修补块

图 2-3　沭河特大桥典型病害

3. 病害统计小结

沭河特大桥共十三联，有 176 处修补，21 处车辙，1 处裂缝；由于受现场封路等因素的限制，实测 21 处修补。病害统计见表 2-17、表 2-18。

沭河特大桥病害横向分布统计　　　　　　　　　　表 2-17

指标	第一车道	第二车道	第三车道
病害数量/处	32	117	49
数量占比/%	16.2	59.1	24.7
病害面积/m²	0	129.92	108.49
面积占比/%	0	54.5	45.5

沭河特大桥病害纵向分布统计　　　　　　　　　　表 2-18

指标	滑动支座处	边跨靠滑动支座的1/4跨中处	边跨跨中处	边跨靠固定支座的1/4跨中处	固定支座处	中间跨1/4跨中处	中间跨中处
病害数量/处	22	25	27	22	50	33	19
数量占比/%	11.1	12.6	13.6	11.1	25.3	16.7	9.7
病害面积/m²	4.74	24.86	21	37.5	65	33.68	41.68
面积占比/%	2	10.4	8.8	15.7	31.5	14.1	17.5

2.2.4　祝家东沟大桥（长春方向）病害

1. 定位方法

祝家东沟大桥为钢筋混凝土连续梁桥，共三联，其中第一联至第二联每联四跨，每跨30m；第三联三跨，每跨30m。

纵向定位：距支座前后5m区域为支座处，距支座5～10m区域为1/4跨中处，距支座10～15m区域为跨中处。

2. 病害分布统计

病害统计具体内容见表2-19，病害分布情况见图2-4；第二联和第三联基本没有病害。

祝家东沟大桥第一联病害分布　　　　　　　　　　表 2-19

跨编号	病害形式	横向位置	横向长度/m	纵向位置	纵向长度/m	面积/m²
第一跨	修补块	第二车道	2.6	S方向1/4跨中处（8～10m处）	2.3	5.98
	修补块	第二车道	2.6	跨中处（10～19m处）	9.09	23.64
	修补块	第三车道	1.5	S方向1/4跨中处（8～10m处）	2.3	3.45
	修补块	第三车道	1.5	跨中处（10～14m处）	3.8	5.7

图 2-4　祝家东沟大桥典型病害

3. 病害统计小结

祝家东沟大桥（长春方向）病害主要集中在第一联，有4处修补，实测4处。病害统计见表2-20、表2-21。

祝家东沟大桥病害横向分布统计　　　　表2-20

指标	第一车道	第二车道	第三车道
病害数量/处	0	2	2
数量占比/%	0	50	50
病害面积/m²	0	29.62	9.15
面积占比/%	0	76.4	23.6

祝家东沟大桥病害纵向分布统计　　　　表2-21

指标	滑动支座处	边跨靠滑动支座的1/4跨中处	边跨跨中处	边跨靠固定支座的1/4跨中处	固定支座处	中间跨1/4跨中处	中间跨跨中处
病害数量/处	0	2	2	0	0	0	0
数量占比/%	0	50	50	0	0	0	0
病害面积/m²	0	9.43	29.34	0	0	0	0
面积占比/%	0	24.3	75.7	0	0	0	0

2.2.5 龟山子中桥（长春方向）病害

1. 定位方法

龟山子中桥为钢筋混凝土简支梁桥，共一联三跨，每跨20m。纵向定位：距支座前后3m为支座处，距支座3～6m为1/4跨中处，距支座6～14m为跨中处。

2. 病害分布统计

病害统计具体内容见表2-22，航拍的典型病害如图2-5所示。

龟山子中桥病害分布　　　　表2-22

跨编号	病害形式	横向位置	横向长度/m	纵向位置	纵向长度/m	面积/m²
第一跨	修补块	第二车道	1.9	跨中处（9～14m处）	4.8	9.12
	修补块	第二车道	1.9	N方向1/4跨中（14～17m处）	3	5.7
	修补块	第二车道	1.9	N方向支座处（17～20m处）	3	5.7
	修补块	第二车道	0.3	S方向支座处（约1.5m处）	0.3	0.12
	修补块	第二车道	0.4	S方向支座处（约1m处）	0.5	0.19
	松散	第一车道	2.9	S方向1/4跨中处（5～6m处）	0.9	2.61
	松散	第一车道	2.9	跨中处（6～8m处）	2	5.8
第二跨	修补块	第二车道	1.9	S方向支座处（0～3m处）	2.8	5.32

续表

跨编号	病害形式	横向位置	横向长度/m	纵向位置	纵向长度/m	面积/m²
第二跨	修补块	第二车道	1.9	S方向1/4跨中处（3～6m处）	3	5.7
	修补块	第二车道	1.9	跨中处（6～8m处）	2	3.8
	修补块	第一车道	1.4	S方向1/4跨中处（4～5m处）	1.5	2.1
	修补块	第一车道	1.4	跨中处（7～8m处）	1.5	2.1

图2-5 龟山子中桥典型病害

3. 病害统计小结

龟山子中桥（长春方向）有10处修补，2处坑槽，病害统计见表2-23、表2-24。

龟山子中桥病害横向分布统计　　　　表2-23

指标	第一车道	第二车道	第三车道
病害数量/处	4	8	0
数量占比/%	33.3	66.7	0
病害面积/m²	12.69	36.33	0
面积占比/%	25.9	74.1	0

龟山子中桥病害纵向分布统计　　　　表2-24

指标	支座处	1/4跨中处	跨中处
病害数量/处	4	4	4
数量占比/%	33.3	33.3	33.4
病害面积/m²	11.72	16.33	20.68
面积占比/%	23.9	33.3	42.2

2.2.6 坊石路分离立交（深圳方向）病害

1. 定位方法

坊石路分离立交为简支梁桥，共一联三跨，每跨16m。纵向定位：距支座前后3m区域为支座处，距支座3～5m区域为1/4跨中处，距支座5～8m区域为跨中处。

2. 病害分布统计

病害统计具体内容见表2-25，典型病害情况如图2-6所示。

坊石路分离立交病害分布　　　　　表2-25

跨编号	病害形式	横向位置	横向长度/m	纵向位置	纵向长度/m	面积/m²
第二跨	修补块	第二车道	0.6	S方向支座处（约1m处）	0.6	0.34
	修补块	第二车道	3.6	S方向支座处（2～3m处）	0.9	3.24
	修补块	第二车道	3.6	S方向的1/4跨中处（3～4m处）	1	3.6
	修补块	第二车道	0.9	跨中处（约7m处）	0.9	0.88
第三跨	修补块	第三车道	2.1	S方向支座处（0～2m处）	1.8	3.86
	修补块	第二车道	2.5	S方向的1/4跨中处（3～5m处）	2.1	5.25
	修补块	第二车道	2.5	S方向支座处（0～3m处）	3	7.5
	修补块	第二车道	3.8	跨中处（8～10m处）	2.5	9.48
	修补块	第二车道	0.7	N方向支座处（14～16m处）	1.5	1.14

图2-6　坊石路分离立交典型病害

3. 病害统计小结

坊石路分离立交（深圳方向）共有9处修补，病害统计见表2-26、表2-27。

坊石路分离立交（深圳方向）病害横向分布统计　　　　　表2-26

指标	第一车道	第二车道	第三车道
病害数量/处	0	8	1
病害数量占比/%	0	88.9	11.1
病害面积/m²	0	31.47	3.87
病害面积占比/%	0	89.1	10.9

坊石路分离立交（深圳方向）病害纵向分布统计　　　　　表2-27

指标	支座处	1/4跨中处	跨中处
病害数量/处	5	2	2
病害数量占比/%	55.6	22.2	22.2
病害面积/m²	14.38	10.58	10.37
病害面积占比/%	39.6	30.5	29.9

2.2.7 病害总体分布及原因分析

1. 连续梁桥

调研的 4 座桥共 25 联，有 207 处修补、2 处坑槽、21 处车辙、1 处裂缝；实测 35 处修补、2 处坑槽。桥面病害统计规律如下。

（1）横向分布

第一车道病害 34 处，占 14.7%；第二车道病害 127 处，占 55%；第三车道病害 70 处，占 30.3%，见图 2-7。实测病害总面积 459.6m^2，第一车道病害面积为 8.47m^2，占 1.8%；第二车道病害面积为 171.79m^2，占 37.4%；第三车道病害面积为 279.35m^2，占 60.8%，如图 2-8 所示。

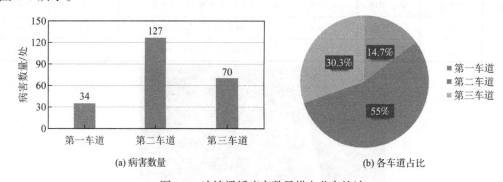

图 2-7　连续梁桥病害数量横向分布统计

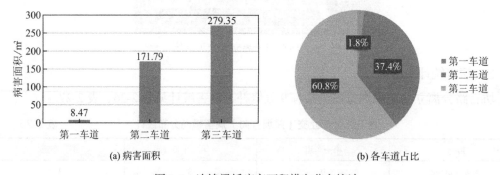

图 2-8　连续梁桥病害面积横向分布统计

（2）纵向分布

从数量上分析：①长春方向支座处病害 42 处，占 18.2%；1/4 跨中处病害 49 处，占 21.2%；跨中处病害 50 处，占 21.6%；②深圳方向支座处病害 45 处，占 19.5%；1/4 跨中处病害 45 处，占 19.5%；③总体上，支座处病害占 37.7%，1/4 跨中处病害占 40.7%，跨中处病害占 21.6%；边跨有 131 处，占 57%，中间跨有 100 处，占 43%。其中，滑动支座处（A）、边跨靠滑动支座的 1/4 跨中处（B）、边跨跨中处（C）、边跨靠固定支座的 1/4 跨中处（D）、固定支座处（E）、中间跨 1/4 跨中处（F）、中间跨跨中处（G）的病害数量统计如图 2-9 所示。

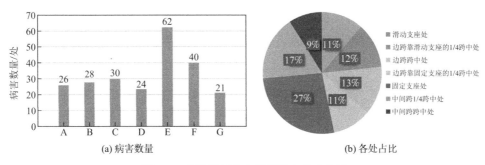

图 2-9 连续梁桥病害数量纵向分布统计

从病害面积上分析：①长春方向支座处病害面积为 81.83m²，占 17.8%；1/4 跨中处病害面积为 94.42m²，占 20.5%；跨中处病害面积为 147.86m²，占 32.2%。②深圳方向支座处面积为 59.29m²，占 12.9%；1/4 跨中处面积为 76.22m²，占 16.6%。③总计，支座处占 30.7%，1/4 跨中处占 37.1%，跨中处占 32.2%。纵向各位置处的病害面积统计如图 2-10 所示。

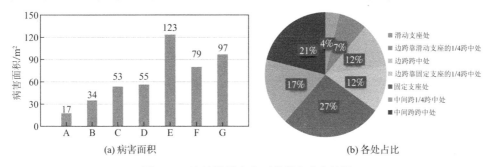

图 2-10 连续梁桥病害面积纵向分布统计

上述病害分布规律可从连续梁结构受力与铺装层力学响应两个方面分析，探讨病害产生的力学机制。分析表明[1]：（1）恒载引起滑动支座处、边跨靠滑动支座的 1/4 跨中处、边跨跨中处和中间跨跨中处 4 个区域的桥面板顶部均受压，最大正弯矩均在边跨跨中处；负弯矩分布在固定支座附近区域且在固定支座处出现峰值，说明固定支座处的桥面板顶部受到的拉应力最大。由于铺装层与桥面板有良好的粘结性与追随性，铺装层也会受到较大的拉应力，因此连续梁固定支座处的沥青铺装层易发生开裂，这与图中病害纵向分布规律是一致的。（2）车辆荷载分布不同是造成铺装病害横向分布差异的一个重要原因，第三车道铺装层内最大拉应力与最大剪应力均大于另外两个车道；纵向上，各车道在固定支座处铺装层内的拉应力与剪应力最大，这与病害的分布规律是一致的。

2. 简支梁桥

共调研两座简支梁桥，有 19 处修补，2 处松散；实测 19 处修补，2 处松散。桥面病害统计规律如下。

（1）横向分布

病害数量：第一车道有 4 处，占 19%；第二车道有 16 处，占 76.2%；第三车道有 1 处，占 4.8%。病害数量横向分布统计如图 2-11 所示。病害面积：实测总面积 84.36m²。第一车道面积 12.69m²，占 15%；第二车道面积 67.8m²，占 80.4%；第三车道面积 3.87m²，占 4.6%。病害面积横向分布统计如图 2-12 所示。

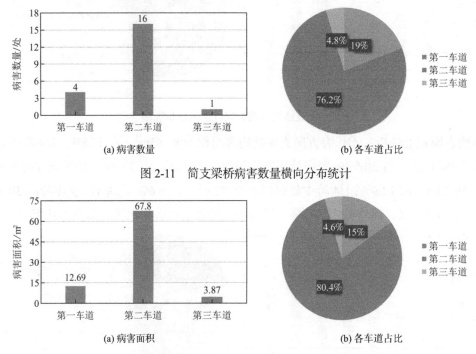

图 2-12　简支梁桥病害面积横向分布统计

（2）纵向分布

病害数量：①长春方向支座处有 2 处，占 9.5%；1/4 跨中处有 1 处，占 4.8%；跨中处有 6 处，占 28.6%；②深圳方向支座处有 7 处，占 33.3%；1/4 跨中处有 5 处，占 23.8%。③支座处病害总计占 42.8%，1/4 跨中处总计占 28.6%，跨中处总计占 28.6%。病害数量纵向分布统计如图 2-13 所示。

病害面积：①长春方向支座处面积为 6.84m²，占 8.1%；1/4 跨中处面积为 5.7m²，占 6.8%；跨中处面积为 31.05m²，占 37%；②深圳方向支座处面积为 19.26m²，占 22.9%；1/4 跨中处面积为 21.21m²，占 25.2%。③支座处总计占 31%，1/4 跨中处总计占 32%，跨中处总计占 37%。病害面积纵向分布统计如图 2-14 所示。

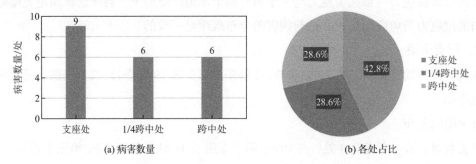

图 2-13　简支梁桥病害数量纵向分布统计

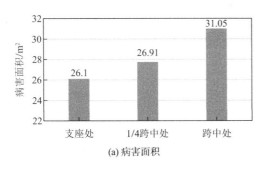
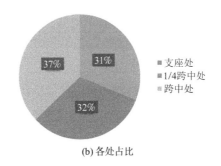

图 2-14 简支梁桥病害面积纵向分布统计

简支梁桥跨中弯矩最大，该处的桥面铺装变形（挠度）也最大，在重复荷载作用下易最早产生开裂，产生裂缝后在动水压力反复作用下逐渐演化为坑槽等破损类病害。

2.2.8 交通量分析

根据运营公司提供的 2019 年交通量统计资料，上述六座桥分为三个路段统计交通量：第一路段包含弥河大桥，第二路段包含龟山子中桥、大关大桥、祝家东沟大桥，第三路段包含沭河特大桥、坊石路分离立交。将三个路段当年前 10 月的交通量转化为平均日当量轴载作用次数，如图 2-15 所示。

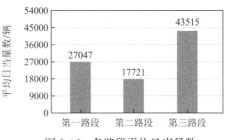

图 2-15 各路段平均日当量数

由于各路段内的桥梁长度差异较大，为分析交通量与桥面铺装病害程度之间的关系，采用以下两个指标：

（1）单位长度路面病害数，即调研路段病害总数量与路段总长度之比；

（2）路面破损率，即调研路段路面损坏面积与路面总面积的百分比。

通过对比两个指标与平均日交通量的关系，可初步判定交通量与病害程度的相关性。各路段单位长度路面病害数与路面破损率如图 2-16、图 2-17 所示。

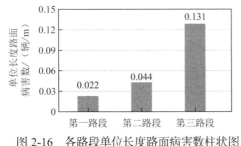
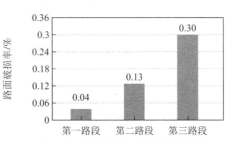

图 2-16 各路段单位长度路面病害数柱状图　　图 2-17 各路段路面破损率柱状图

各路段单位长度路面病害数与路面破损率的关系一致，系数最大的路段也是平均日交通量最大的路段，表明交通量是影响病害程度的一个重要因素，即交通量越大，病害越严重；第二路段的交通量最小，但病害的两个指标不是最小的，这可能一方面是因为交通量是统计的双向六车道交通量数据，另一方面是病害产生的原因是多方面的，其他因素的影响可能超过交通量因素。

2.3 室内试验及分析

在实验室首先对现场芯样的上面层切割与修整，然后测试毛体积相对密度，最后选取典型的芯样进行沥青含量测定及矿料颗粒组成筛分试验。

2.3.1 上面层芯样内部形态

芯样切割后的外观如图 2-18 所示，典型病害（坑槽及其修补块）严重路段与轻微路段处上面层沥青混合料（SMA13）内部结构对比如图 2-19 所示。从图 2-19 所示的内部形态可看出，病害严重路段的沥青混合料相对松散，空隙相对较多较大，细集料含量较少；而病害轻微路段则细集料含量较多，且空隙率较小。这表明发生坑槽严重处的路面空隙率偏大，细集料偏少，沥青用量偏少，在重载车辆的重复作用下，产生的动水压力使表面层的沥青从石料表面剥落。

图 2-18 芯样切割后的外观

(a) 典型病害严重路段 SMA 13　　(b) 病害轻微路段 SMA 13

图 2-19 不同路段 SMA 内部结构对比图

2.3.2 体积参数测试与分析

芯样上面层吸水率和毛体积相对密度测试结果见表 2-28，测试结果统计数据对比见表 2-29、表 2-30。

芯样上面层吸水率和毛体积相对密度　　　　　表 2-28

桥梁名称	芯样代号	路面病害程度	吸水率/%	毛体积相对密度
弥河大桥	1	轻微	0.361	2.574
	2	轻微	0.593	2.564
	3	严重	0.286	2.575
龟山子中桥	1	轻微	0.298	2.572
	2	严重	1.924	2.492
	3	严重	0.214	2.625
	4	严重	0.212	2.556
	5	严重	0.166	2.554
大关大桥	1	严重	0.557	2.599
	2	严重	0.177	2.560
	3	轻微	0.209	2.593
	4	轻微	0.393	2.555
祝家东沟大桥	1	严重	2.228	2.534
	2	轻微	0.252	2.584
	3	轻微	0.526	2.541
坊石路分离立交	1	严重	0.263	2.565
	2	严重	0.222	2.570
	3	轻微	0.247	2.573
	4	轻微	0.247	2.573
沭河特大桥	1	轻微	0.434	2.542
	2	轻微	0.456	2.540
	3	严重	0.187	2.509
	4	严重	0.464	2.505
	5	严重	0.331	2.527
	6	严重	0.329	2.530

吸水率统计数据 表 2-29

路面病害程度	平均值	上限	下限	方差	标准差	变异系数
轻微	0.365	0.593	0.209	0.016	0.127	0.347
严重	0.540	2.228	0.166	0.439	0.663	1.227

毛体积相对密度统计数据 表 2-30

路面病害程度	平均值	上限	下限	方差	标准差	变异系数
轻微	2.565	2.593	2.540	0.000	0.018	0.007
严重	2.550	2.625	2.492	0.001	0.037	0.014

由表 2-29、表 2-30 中的数据可以看出：病害严重路段的吸水率平均值大于病害轻微路段的平均值，约高出 48%，方差和变异系数大；相对于病害严重的路段，病害轻微路段的相对密度平均值略高，两组数据的方差和变异系数都较小，数据波动比较小。一般来讲，面层混合料的吸水率越小，空隙率则越小，内部结构则越致密，发生水损害的可能性越小。

2.3.3 沥青含量及矿料级配

为了分析沥青含量对典型病害的影响，选取典型芯样进行沥青含量测定，通过与对应体积参数的对比，探究沥青含量与病害程度之间的内在联系。测试采用燃烧炉法，结果见表 2-31。

芯样沥青含量测试结果 表 2-31

芯样名称	芯样桩号	路段病害程度	取芯位置	沥青含量/%
1461-2	1461+432	严重	补坑边缘	4.96
1485-2	1485+280	轻微	路况好	5.28
1480-3	1480+315	轻微	路况好、轮迹	5.13
1480-1	1480+292	严重	坑槽边缘、轮迹	6.02
1609-5	1609+405	严重	补坑处轮迹	6.36
1609-2	1609+360	严重	补坑处轮迹	6.29
1609-4	1609+305	轻微	路况好、轮迹	6.50
1480-2	1480+307	严重	轮迹、坑槽边缘	5.79
1480-4	1480+374	轻微	路况好、轮迹	5.30

对芯样燃烧后的矿料进行筛分，试验结果如图 2-20 所示，图中各曲线的编号与关键筛孔的通过率见表 2-32。

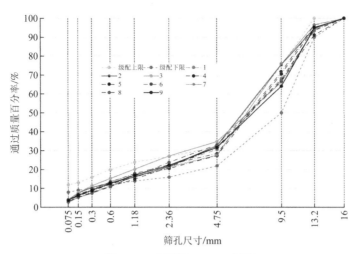

图 2-20　上面层 SMA13 级配

芯样矿料级配关键筛孔通过率　　　　　　　　　　表 2-32

芯样名称	编号	病害程度	4.75mm 通过率/%	2.36mm 通过率/%	0.075mm 通过率/%
1461-2	1	严重	30.7	22.1	3.0
1485-2	2	轻微	32.6	21.6	4.0
1480-3	3	轻微	34.8	27.2	4.3
1480-1	4	严重	31.9	21.2	2.8
1609-5	5	严重	27.4	20.7	3.4
1609-2	6	严重	28.5	22.6	3.8
1609-4	7	轻微	27.6	21.4	2.6
1480-2	8	严重	33.1	23.9	3.0
1480-4	9	轻微	31.6	22.2	3.8
SMA13 上限	—	—	32.0	27.0	12.0
SMA13 下限	—	—	22.0	16.0	8.0

从芯样沥青含量和矿料级配结果对比发现，不同路段并无明显差异与规律性，这可能是由于样本数量过少或取芯位置造成的，加上多处坑槽等病害已经过多次修补，路况较好，与病害处的沥青混合料已难以分清。

2.4　本章小结

通过对青临高速公路 6 座典型桥梁桥面铺装病害的现场调研及总结分析，得到以下主要结论及建议。

1）青临高速混凝土桥面沥青铺装的病害主要是坑槽及其修补块、局部有轻微车辙与少量裂缝等。

2)连续梁桥的桥面铺装病害分布规律:(1)横向分布。按数量统计,第一车道的病害数量最少,第二车道的病害数量最多;按面积统计,第一车道的病害面积最小,第三车道的病害面积最大。(2)纵向分布。按数量统计,固定支座处的病害数量最多,中间跨1/4跨中处次之,边跨跨中处的病害数量较少,中间跨跨中处的病害数量最少;按面积统计,固定支座处的病害面积最大,中间跨跨中处次之,滑动支座处的病害面积最小。

3)简支梁桥的桥面铺装病害分布规律:(1)横向分布。按数量统计,第二车道的病害数量最多,占76%;按面积统计,第二车道的病害面积最大,占80%。(2)纵向分布。按数量统计,支座处的病害数量最多,占43%,1/4跨中和跨中的病害数量各占28.5%;按面积统计,跨中处的病害面积最大,占37%,支座处的病害面积最小,占31%。

4)从交通荷载、受力特点等内外因素分析病害的分布规律,推测病害可能的原因:

(1)交通荷载分布不均引起病害横向分布上的差异。桥梁结构处于偏载状态,主车道上沥青铺装层承受3~5倍超车道的交通荷载作用。过大的荷载使得桥面局部的应力增大,铺装层局部产生较大变形,影响铺装层与桥面板的协调变形,造成铺装层与桥面板之间的剪应力增大。重载交通主要在第二、三车道,因而这两个车道上的病害数量最多,面积占比最大。

(2)连续梁恒载产生的负弯矩分布在固定支座附近区域,且在固定支座处出现峰值,车辆荷载在固定支座处的铺装层内的拉应力与剪应力最大,因此该处附近的沥青铺装层易发生开裂,这与病害的分布规律一致;简支梁桥跨中正弯矩最大,该处的桥面铺装变形(挠度)也最大,在重复荷载作用下易最早产生开裂;支座处设置的横隔梁使得支座处沥青铺装层的变形不连续,也会造成开裂等病害。沥青铺装在动水压力、车辆荷载、温度作用等多因素的耦合作用下,裂缝逐步扩展,伴随着沥青与集料剥落、松散及唧浆产生,裂缝逐步演化为坑槽病害。

(3)不同路段单位长度路面病害数、路面破损率与交通量的关系表明,交通量是影响铺装病害发生程度的一个重要原因。

(4)路面内部排水不畅也是病害发生的可能原因,由于路面横坡的存在,超车道与路面边缘的高差最大,所以排水速度相对较快,而第二、三车道的排水相对较慢,内部水滞留的时间较长,因而也易引发水损害。

(5)桥面铺装材料与施工变异性也是病害产生的一个重要原因,这些变异性造成沥青铺装层内部空隙率(渗水系数)分布不均,尤其是局部空隙率过大,引发水损害的发生。特别说明的是,水泥混凝土调平层及防水层损坏也是导致坑槽病害的一个原因,但限于本调研手段及现场要求,未特别取芯或开槽至调平层,因而未能评定调平层的破损情况。

5)基于病害调研与总结分析,提出病害防治的主要建议:

(1)桥面铺装结构需进行专门的设计,通过后文铺装结构力学分析,提出合理的设计指标、标准与计算方法。

（2）采用高性能的沥青铺装层和防水粘结层材料，提高铺装层的抗拉及抗剪能力，增强层间变形的连续性与追随性。

（3）严格控制混凝土桥面与沥青混合料施工质量，提高沥青铺装层压实的均匀性。

参考文献

[1] 杨波, 曹卫东, 巩渭华, 等. 混凝土连续梁桥沥青铺装层病害调研与分析[J]. 中外公路, 2022, 42(6): 109-112.

第 3 章

混凝土桥面沥青铺装结构设计与优化

第3章

本章首先从混凝土桥面沥青铺装病害发生的力学机制出发，基于控制主要病害的原则，提出沥青铺装结构设计指标和结构性能验算方法；然后采用 ABAQUS 有限元软件建立典型桥梁混凝土桥面沥青铺装层力学模型，提出综合考虑车载动力效应与温度变化效应的设计指标计算方法，计算分析不同组合方案的力学响应，推荐优化的结构组合方案；最后对优化的铺装结构方案进行结构性能验算，基于设计指标计算与验算方法的总结，形成混凝土桥面沥青铺装结构设计方法及流程。

3.1 铺装结构设计指标及验算方法

3.1.1 混凝土桥面沥青铺装常见病害类型

基于青临高速公路混凝土桥梁沥青铺装病害现场调研和有关文献[1-5]，总结水泥混凝土桥面沥青铺装的病害类型及特点。

1. 开裂类病害

开裂类病害是桥面铺装最常见的早期病害之一，主要表现为横向裂缝、纵向裂缝、龟裂等。开裂类病害不仅有损铺面外观、降低结构整体性，还会使水通过裂缝进入铺装结构内部冲刷沥青混合料，降低其强度，甚至透过防水层渗入混凝土结构，对桥梁主体混凝土结构的安全造成威胁。若开裂处治不及时，在车辆荷载和水等因素长期作用下，逐渐演变成坑槽等破损类病害。

2. 变形类病害

变形类病害是指桥面沥青铺装在荷载和环境因素的作用下产生了过大变形，主要表现形式有车辙、推移、拥包等。其中，车辙表现为竖向变形，推移、拥包表现为水平变形，这些病害易在高温季节发生，基本都是不可逆的塑性变形，影响行车舒适及安全。

3. 破损类病害

破损类病害通常是网裂病害进一步发展的结果，主要表现形式有松散、剥落、坑槽等。该类病害是本书依托工程中最突出的一种类型，极难处治，修补后经常复发，导致桥面沥青铺装大面积损坏，甚至铣刨整个桥面铺装重新摊铺新沥青混合料，造成巨大的经济损失。

3.1.2 病害力学形成机理及设计指标

桥面沥青铺装常见病害类型与沥青路面相似，但其病害程度及发生时机都和同路基段沥青路面存在较大区别。混凝土桥面沥青铺装病害形成的原因复杂，包括材料及结构组合设计、交通水平、桥梁结构、环境因素和施工质量等。其中，内在原因可归结为力学机理，即在车辆荷载和外界环境等因素作用下桥面铺装结构的应力/应变超过了铺装材料强度的容许值，从而造成结构性破坏。因此，需要首先从力学角度分析桥面沥青铺装病害的发生机理，然后提出控制主要病害的力学设计指标，最后通过力学指标的计算与结构性能验算形成铺装结构设计方法。

1. 开裂类病害力学机理及设计指标

在车辆荷载作用下，桥梁上部结构产生一定的挠度，由于铺装结构与桥面板之间的粘结性，沥青铺装层也随着桥面板产生相同的竖向变形，使得铺装层层底弯拉应力增加。此外，当环境温度降低时，沥青铺装材料收缩产生拉应力与拉应变，由于其温缩变形大于刚性混凝土桥面板，也会使沥青铺装层底部受拉。当车辆动载效应与温度骤降产生的温缩效应耦合作用时，产生的拉应力可能超过铺装层沥青混合料的抗拉强度，从而在铺装层层底出现向上扩展的裂缝。

目前，一般的桥面沥青铺装不对结构与材料进行专门设计，而是直接套用路基段沥青路面结构上中面层。但不可忽视的是，桥面铺装所依附的桥梁结构与沥青路面结构存在很大差异，由于桥梁固定支座处以及横向加筋构件处负弯矩区的存在，导致铺装层上部受拉，产生的拉应力大于铺装层沥青混合料极限抗拉强度，出现由上向下发展的裂缝。另外，常温环境下铺装层经受车辆荷载反复作用后，即使铺装层内部拉应变低于铺装材料的极限拉应变，也会发生疲劳开裂。

综上分析，选取最不利工况下（紧急刹车状态）沥青铺装层低温最大拉应力σ_{max}和正常行驶状态下铺装层常温最大拉应变ε_{max}作为非疲劳裂缝和疲劳裂缝的力学设计指标。

2. 变形类病害力学机理及设计指标

桥面沥青铺装层形成车辙、推移、拥包等变形类病害的力学原因主要有两个：一是铺装层的剪应力或防水层的剪应力过大，超过了铺装层沥青混合料或防水层材料的抗剪强度；二是防水层之间的竖向拉应力过大，超过了防水层的粘结强度（拉拔强度）。

车辙按变形机理一般分为压密型车辙与流动性车辙两类。铺装层沥青混合料在车辆荷载作用下逐渐压密，这实质上是一种体积变形，表现为铺装层轮迹带沉陷，其两侧铺装层基本无隆起现象，称为压密型车辙。铺装层高温环境下持续经受车载作用，导致铺装层内部的剪应力超过材料的高温抗剪强度，产生剪切塑性变形。该变形通常表现为铺装层轮迹带处沉陷，同时在其两侧出现明显的隆起现象，称为流动性车辙，它是引起桥面沥青铺装车辙的主要因素。

推移和拥包与防水层失效有着很大关系。高温环境下，防水层的抗剪强度和粘结强度均会显著降低，加之刹车或重载等不利作用，防水层剪应力与拉应力迅速增大，当超过防水层的抗剪强度或粘结强度时，则使铺装层产生滑移。此外，铺装层内的非竖向剪应力过大，超过铺装层沥青混合料的容许值，导致铺装层内出现塑性流动过大，也会产生这两种变形。

综上分析，选取最不利工况即紧急刹车状态下的铺装层高温最大剪应力τ_{max}、防水层高温最大竖向拉应力$\sigma_{m,max}$和防水层高温最大剪应力$\tau_{m,max}$作为变形类病害的力学设计指标。

3. 破损类病害力学机理及设计指标

从力学角度分析，发生松散、剥落、坑槽等病害的根本原因是沥青混合料的抗剪强度不足以抵抗沥青铺装层在车载作用下产生的剪应力。沥青混合料的抗剪强度一般认为是由沥青结合料与集料间的黏聚力以及集料之间的内摩擦力两部分组成。夏季高温下沥青混合料的高温抗剪强度相对较低,当水由铺装层表面裂缝渗入铺装层内部时,在车辆动荷载作用下反复冲刷,导致沥青与集料间的黏聚力不足。若沥青混合料内摩擦力不足,则铺装层内产生的剪应力往往超出铺装层沥青混合料的抗剪强度,沥青层内部发生剪切破坏,在车辆荷载反复碾压与泵吸作用下混合料出现部分松散及剥落,逐渐形成坑槽。因此,将紧急刹车状态下铺装层高温最大剪应力τ_{max}也作为破损类病害的主要力学设计指标。

为控制不同环境温度下可能发生的病害,上述提出的力学设计指标均与温度相关,而不同地区的环境温度显然不同,因此需说明指标中温度的量化方法。指标中的"高温"取桥梁所在地一年内实测出现最高温度当日的温度,"低温"取桥梁所在地一年内实测出现最低温度当日的温度;若没有条件获取上述温度资料,可以参考《公路沥青路面设计规范》JTG D50—2017 表 G.1.2 中各地区的高低温温度数据,如山东地区可参考表中济南或日照的温度数据,"高温"取平均温度为 28℃或 26℃的某一日温度,"低温"取平均温度为 0℃或−2℃的某一日温度。"常温"则取桥梁所在地某一日平均温度为 20℃,且日最高温度不超过 25℃、日最低温度不低于 15℃的自然日温度。需要说明的是,若按上述方法确定的高温日的平均温度小于 20℃,则可不需要计算高温条件下的力学设计指标;同样,若确定的低温日的平均温度大于 20℃,则可不需要计算低温条件下的力学设计指标。

3.1.3 沥青铺装结构性能验算方法

针对桥面沥青铺装主要病害类型发生的力学机理,提出 5 个力学设计指标。此外,铺装层结构还需满足设计年限内沥青混合料层永久变形量要求。参照相关规范及文献,总结提出各指标的验算标准及方法。

1. 铺装层低温最大拉应力

紧急刹车状态下铺装层低温最大拉应力应小于铺装层沥青混合料低温劈裂抗拉强度,如式(3-1)所示。

$$\sigma_{max} < [\sigma_R] \tag{3-1}$$

式中:σ_{max}——紧急刹车状态下铺装层低温最大拉应力;

$[\sigma_R]$——−10℃劈裂试验测得的铺装层沥青混合料容许劈裂抗拉强度。

2. 设计年限内铺装层疲劳寿命

基于 Palmgren-miner 准则和正常行驶状态下铺装层常温最大拉应变计算的沥青混合料疲劳寿命应大于铺装层设计使用寿命,如式(3-2)所示。

$$A > [A_R] \tag{3-2}$$

式中:A——沥青混合料疲劳寿命;

$[A_R]$——铺装层设计使用寿命,高速公路一般取 15 年。

3. 铺装层高温最大剪应力

紧急刹车状态下铺装层高温最大剪应力应小于铺装层沥青混合料高温三轴抗剪强度，如式(3-3)所示。

$$\tau_{\max} < [\tau_R] \tag{3-3}$$

式中：$\tau_{\max}$——紧急刹车状态下铺装层高温最大剪应力；

$[\tau_R]$——由三轴压缩法确定的铺装层沥青混合料的容许抗剪强度。

4. 防水层高温最大剪应力

防水层高温最大剪应力应小于防水层高温抗剪强度，如式(3-4)所示。

$$\tau_{m,\max} < [\tau_{m,R}] \tag{3-4}$$

式中：$\tau_{m,\max}$——紧急刹车状态下防水层高温最大剪应力；

$[\tau_{m,R}]$——高温剪切强度试验测得的防水层容许抗剪强度。

5. 防水层高温最大竖向拉应力

紧急刹车状态下防水层高温最大竖向拉应力应小于防水层高温粘结强度，如式(3-5)所示。

$$\sigma_{m,\max} < [\sigma_{m,R}] \tag{3-5}$$

式中：$\sigma_{m,\max}$——紧急刹车状态下防水层高温最大竖向拉应力；

$[\sigma_{m,R}]$——高温拉拔强度试验测得的防水层容许粘结强度。

6. 设计年限交通量下铺装层永久变形量

设计年限交通量下铺装层永久变形量应小于设计年限内铺装层容许永久变形量，如式(3-6)所示。

$$H < [H_R] \tag{3-6}$$

式中：H——设计年限内铺装层永久变形量；

$[H_R]$——设计年限内铺装层容许永久变形量，高速公路一般取 15mm。

3.2 沥青铺装结构力学响应计算与分析

为建立基于力学响应的桥面沥青铺装结构设计方法，本节首先采用 ABAQUS 软件建立铺装层结构有限元模型，计算确定各设计指标的静载最不利荷位与动载最不利车速；然后基于热力耦合分析方法提出综合考虑车载动力效应与温度变化效应的设计指标计算方法；最后基于结构材料一体化设计理念，将结构层厚度、材料的力学参数等作为主要因素进行正交试验方案设计，通过各设计指标的计算与分析，推荐优化的结构组合方案。

3.2.1 有限元模型建立

1. 有限元模型参数

依托青临高速公路的桥梁主要是跨径 20~40m 的钢筋混凝土梁桥。基于桥面铺装病害调研与分析结果，选择有代表性的桥型跨径、病害程度严重的大关大桥第二联边跨右幅作为研究对象。依据桥梁竣工图纸，采用大型通用有限元软件 ABAQUS 对上部结构及桥面沥青铺装结构建模，并作为基准模型。模型横向长 16.5m，纵向长 30m，等间距设置 5 个横隔板，竖向尺寸横断面结构见图 3-1。桥面沥青铺装采用双层改性沥青混合料，上层为 4cm SMA13，下层为 6cm AC20，沥青铺装与下部混凝土层之间设置 3mm 厚防水层。有限元模型如图 3-2 所示，规定 X 方向为横桥向，Y 方向为竖桥向，Z 方向为纵桥向。

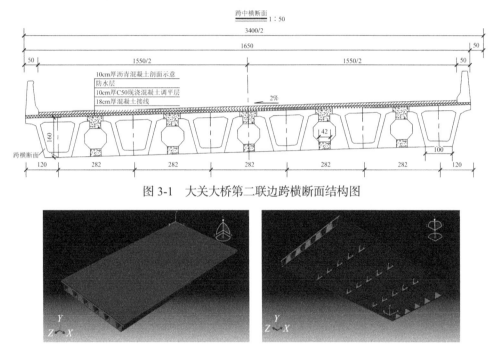

图 3-1 大关大桥第二联边跨横断面结构图

图 3-2 有限元模型

为兼顾计算精度与速度，在进行热学计算与力学计算时，模型分别选择 DC3D8R 和 C3D8R 实体单元。网格划分采用基于中性轴算法的扫掠方法，在沥青铺装层上采用无偏移的网格布种方式，间距设置为 1cm，在有荷载作用的区域 4 倍加密布种密度；水泥混凝土结构则适当调大布种间距，保证从面的网格较主面更细。参考竣工图纸中的支座构造图（图 3-3），边界条件设置为：箱梁模型底部支座的区域施加约束，其中固定支座处 X 方向不约束转角，滑动支座处 X 方向不约束转角且 Z 方向不约束位移。

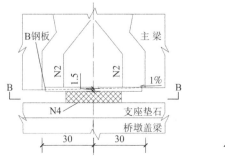
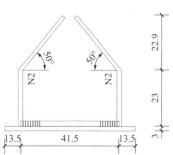

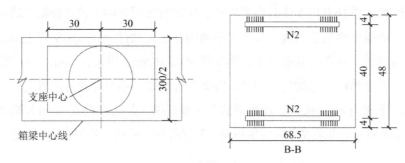

图 3-3　大关大桥第二联边跨支座构造图

2. 基本假定

为适当简化力学响应的求解方法及过程，同时尽可能模拟铺装结构的实际工况，综合考虑材料特性与模型结构，模型做如下假定：

（1）当荷载作用周期小或环境温度低于 20℃时，沥青混合料主要表现为弹性响应。因此，除计算沥青铺装结构永久变形量时考虑沥青混合料蠕变特性外，计算其他指标时假定沥青混合料为弹性材料。

（2）铺装结构各层材料都是均匀、连续和各向同性的。

（3）铺装结构各层间界面、铺装结构与混凝土结构的界面均为连续接触状态。

（4）不考虑桥台、桥墩的影响，仅考虑桥梁上部结构。

3. 有限元计算参数

（1）材料参数

材料参数的选取直接影响计算结果的准确性，本书通过现场取芯试验、历史数据调研及文献参考相结合的方式确定材料参数。

沥青混合料的弹性模量随温度的变化而显著变化，在计算时涉及高温、常温、低温三种环境温度，因此需要建立沥青混合料弹性模量随温度变化的方程。拟合方程采用张海涛等提出的 BP 神经网络法模型[6]。将前期试验得到的两类沥青混合料在 −10℃、20℃、30℃、40℃温度下的静态弹性模量代入 BP 神经网络法模型，得到 SMA13 和 AC20 的拟合方程，见式(3-7)、式(3-8)。为简化工作量，将拟合得到的弹性模量以 10℃为单位输出至 ABAQUS 材料属性中，同时参考 AASHTO 2002 建议的沥青混合料泊松比取值及蠕变试验结果，最终确定沥青混合料的力学参数，见表 3-1。

$$E_{\text{SMA}-13} = 870 \times [-1.266 \times \arctan(0.073 \times T + 0.033) + 2.22] \quad (3\text{-}7)$$

$$E_{\text{AC}-20} = 1140 \times [-1.936 \times \arctan(0.116 \times T - 0.208) + 3.098] \quad (3\text{-}8)$$

式中：$E_{\text{SMA}-13}$——SMA13 静态弹性模量，MPa；

　　　$E_{\text{AC}-20}$——AC20 静态弹性模量，MPa；

　　　T——沥青混合料温度，℃。

沥青混合料力学参数 表 3-1

温度/°C	泊松比	SMA13 弹性模量/MPa	AC20 弹性模量/MPa	蠕变参数		
				A	m	n
−10	0.2	2601.845	5605.389	6.54×10^{-11}	0.937	−0.592
0	0.2	1895.066	3984.331			
10	0.25	1213.528	1852.575			
20	0.25	851.311	1040.888			
30	0.35	666.889	719.535	3.33×10^{-9}	0.862	−0.587
40	0.45	560.927	554.686	1.45×10^{-8}	0.792	−0.577
50	0.45	493.309	455.460	1.38×10^{-6}	0.414	−0.525
60	0.48	446.734	389.423	1.46×10^{-5}	0.336	−0.502
70	0.48	412.813	342.387			

计算过程中涉及的其他材料参数均通过历史试验数据与文献调研得到[7-10]，见表 3-2、表 3-3。

材料其他力学参数 表 3-2

材料	弹性模量/MPa	泊松比	密度/(kg/m³)
SMA13	—	—	2400
AC20	—	—	2400
防水层	200	0.3	1.1
C50 混凝土	34500	0.2	2600

材料热物参数 表 3-3

参数	SMA13	AC20	防水层	C50 混凝土
热传导率/[W/(m·°C)]	2.4	2.2	1	1.7
比热容/[J/(kg·°C)]	925	925	925	1080
热膨胀系数	2.4×10^{-6}	2.4×10^{-6}	—	8×10^{-6}
太阳辐射吸收率	0.9			
沥青铺装层发射率	0.8			
混凝土箱梁发射率	0.65			

（2）气象参数

为研究不同温度下铺装结构各指标的力学响应，根据第 3.1 节中提出的各类环境温度的确定方法，通过咨询潍坊气象局获得当地温度资料，见表 3-4。表 3-4 中高温、常温和低温的瞬态大气温度分别取当地 2019 年最高温度日、平均温度日和最低温度日的 24h 整点温度，稳态大气温度取其对应的瞬态大气温度的平均值，日均表面热流取值来源于文献调研[10]。

气象参数 表3-4

参数		高温	常温	低温
稳态大气温度/℃		32	20	−4.5
日均表面热流/(J/m²)		3.08×10^7	1.87×10^7	5.6×10^6
瞬态大气温度/℃	1:00	26.6	18.8	−7.2
	2:00	26.4	18.7	−7.3
	3:00	26.2	18.5	−8.0
	4:00	25.8	18.4	−9.2
	5:00	25.9	18.1	−9.4
	6:00	26.4	18.5	−9.0
	7:00	28.3	19.3	−10.2
	8:00	30.7	20.2	−9.5
	9:00	32.6	21.5	−5.1
	10:00	34.8	22.4	−2.6
	11:00	37	22.5	−1.5
	12:00	36.9	22.9	−0.5
	13:00	37.5	22.8	0.8
	14:00	38.2	23.4	0.2
	15:00	39.2	22.8	3.1
	16:00	37.8	21.9	2.8
	17:00	37.2	21.2	1.3
	18:00	36.5	20.8	−2.2
	19:00	34.6	20	−3.8
	20:00	32.9	19.5	−4.9
	21:00	32.1	19.2	−5.7
	22:00	30.1	19.2	−6.4
	23:00	29.3	19	−7.4
	24:00	28.8	18.9	−6.7

（3）荷载参数

《公路桥涵设计通用规范》JTG D60—2015中规定桥梁结构局部加载应采用车辆荷载，考虑到荷载影响范围的局限性，取车辆纵向上轴载最大的一个轴加载，选择后轴作用区域加载，即单侧双轮接地面积为0.6m×0.2m，双矩形几何中心间距1.8m，单个车辆荷载平面布置如图3-4所示，模型的轮胎接地压力取0.7MPa。车辆行驶过程中施加于桥面铺装的作用力有竖向压力与水平摩擦力，水平摩擦力由摩擦系数 f 决定，等于摩擦系数 f 乘以垂直荷载。其中，当车辆紧急刹车时，f 取 0.5；当车辆正常行驶时，f 取 0.05[11]。

图 3-4　单个车辆荷载平面布置图

3.2.2　静载最不利荷位确定

通过不同荷位下桥面铺装结构设计指标的计算对比，确定最不利荷位作为后文稳态温度场-静力学顺序耦合分析与瞬态温度场-静力学顺序耦合分析时的荷位。为寻求最不利响应，本着尽可能多的原则布置车辆荷载。青临高速公路为双向六车道，因此横向上每个车道均居中布置一个车辆荷载，即横向上共有 3 处固定位置的车辆荷载。高速公路规定相邻车辆车距必须保持 50m 以上，而该模型纵向长 30m，因此纵向上最多只能布置一个车辆荷载。按照等间距的原则，在纵向上从滑动支座端向固定支座端依次划分为 11 个荷位，荷位 1、荷位 11 形心分别与荷位 2、荷位 10 形心纵向间距为 2.9m；除此以外，每个荷位形心之间纵向间距均为 3m。

模型纵向上不考虑温度梯度，因此纵向上每处材料的力学参数都是相同的，确定最不利荷位时无需考虑温度场的作用。不同纵向荷位处的各设计指标计算结果见表 3-5。

基准模型不同纵向荷位下的静力计算结果　　　　　　表 3-5

荷位	铺装层最大剪应力 /×10^5Pa	防水层最大剪应力 /×10^5Pa	防水层竖向最大拉应力 /×10^5Pa	铺装层最大拉应变 /×10^{-4}	铺装层最大拉应力 /×10^5Pa
1	6.907	3.086	1.516	0.957	1.637
2	6.117	2.437	1.390	1.525	2.744
3	6.066	2.428	1.393	1.439	2.574
4	6.019	2.427	1.393	1.382	2.463
5	5.998	2.430	1.398	1.344	2.383
6	5.996	2.433	1.405	1.350	2.407
7	5.981	2.433	1.442	1.349	2.395
8	5.999	2.427	1.397	1.391	2.480
9	6.041	2.435	1.391	1.456	2.610
10	6.119	2.442	1.388	1.545	2.786
11	7.635	3.427	1.570	1.668	3.197

由表 3-5 可知，各指标最不利荷位均为荷位 11，即固定支座上方，如图 3-5 所示。最不利荷位处防水层竖向最大拉应力较其他荷位最多增大 13.1%，而其他指标的力学响应差异较大，增加幅度为 27.7%~95.3%。考虑每联桥梁跨径仅 30m 长，纵向上分段进行设计及施工是不现实的,因此按照最不利荷位处的力学响应进行桥面铺装结构设计是偏安全的。

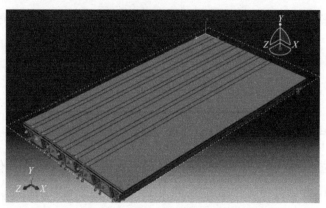

图 3-5 车辆静载最不利荷位

3.2.3 动载最不利车速确定

在进行动力学计算时，除第 3.2.1 节中的参数外，还需要模型的瑞利阻尼参数及车速。通过 ABAQUS 软件对基准模型进行模态分析，将模型的第一阶固有频率和第二阶固有频率代入式(3-9)，得到该模型的瑞利阻尼参数 $\alpha = 0.2130$，$\beta = 0.0109$。考虑高速公路对车辆速度的要求，这里选取 60km/h、70km/h、80km/h、90km/h、100km/h、110km/h、120km/h 7 种车速。

$$\begin{cases} \alpha = \dfrac{2\omega_1\omega_2(\omega_2\xi_1 - \omega_1\xi_2)}{\omega_2^2 - \omega_1^1} \\ \beta = \dfrac{2(\omega_2\xi_2 - \omega_1\xi_1)}{\omega_2^2 - \omega_1^1} \end{cases} \tag{3-9}$$

式中：α、β——瑞利阻尼参数；

ω_1、ω_2——模态分析中得出的系统的第一阶、第二阶固有频率；

ξ_1、ξ_2——为系统第一、二阶模态的阻尼率，对于沥青混合料常取 0.05。

车辆荷载数量与位置的布置原则与上节相同，作用路径是沿 Z 方向从模型 0m 处运行至 30m 处，如图 3-6 所示。因此，在确定最不利车速时同样也无需考虑温度场作用。首先确定计算参数与荷载作用区域、路径，然后通过对子程序 DLOAD 和 UTRACLOAD 进行二次开发，使得移动荷载可在 ABAQUS 分析计算中实现。不同车速下的各设计指标动力响应见表 3-6。

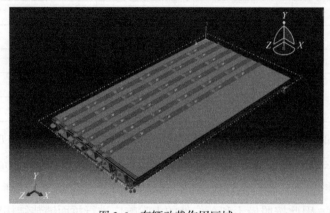

图 3-6 车辆动载作用区域

第3章 混凝土桥面沥青铺装结构设计与优化

基准模型不同车速下的动力计算结果　　　　表 3-6

车速/(km/h)	铺装层最大剪应力/×10⁵Pa	防水层最大剪应力/×10⁵Pa	防水层竖向最大拉应力/×10⁵Pa	铺装层最大拉应变/×10⁻⁴	铺装层最大拉应力/×10⁵Pa
60	5.825	2.122	1.355	2.122	4.086
70	5.630	2.048	1.093	2.096	3.285
80	5.435	1.974	0.888	2.027	2.682
90	5.255	1.910	0.739	1.925	2.245
100	5.105	1.854	0.729	1.796	2.195
110	4.938	1.791	0.713	1.669	2.147
120	4.790	1.733	0.701	1.523	2.101

由表 3-6 可知，车速对各设计指标动力响应的影响也比较大。在高速公路要求的行车速度区间内，速度越低，各指标动力响应值越大，对铺装结构越不利。车速由低至高，各指标响应值可减少 17.5%～48.6%。这是由于在动力学计算中，阻尼与速度呈正比，弹性动力与阻尼力呈反比，因而桥面铺装结构的弹性动力与车速呈反比，行车速度越低则桥面铺装结构产生的应力应变就越大。

3.2.4 设计指标计算方法

目前通常采用静力学方法计算桥面沥青铺装结构力学响应，这难以反映铺装结构的实际工况。首先，车辆荷载是移动荷载，桥梁结构也具有显著的振动特性，因此需要通过动力学分析计算桥面铺装结构在车辆移动荷载作用下的动力响应；其次，每天不同时刻的大气温度变化造成铺装结构温度场变化，这不仅在铺装结构内产生温度应力，而且沥青混合料的弹性模量和泊松比也随温度场变化而变化。

为考虑车辆动载效应与温度变化效应，在计算各设计指标力学响应时，分别采用三种顺序热力耦合分析方法：稳态温度场-静力学顺序耦合分析、稳态温度场-动力学顺序耦合分析、瞬态温度场-静力学顺序耦合分析。首先通过稳态温度场-静力学顺序耦合分析计算出各设计指标基准值，然后用定义的动力系数 D 与温变系数 T 来修正基准值，最终得到各设计指标的标准值。动力系数、温变系数和各设计指标标准值的计算方法见式(3-10)～式(3-12)。计算过程中，稳态温度场-静力学顺序耦合分析、瞬态温度场-静力学顺序耦合分析仅在最不利荷位处加载；稳态温度场-动力学顺序耦合计算按最不利车速加载。后处理过程中，各种分析方法计算结果分别取不同时程的各设计指标计算结果的最大值[12]。

$$动力系数 D = \frac{稳态温度场动力学顺序耦合计算峰值 - 基准值}{基准值} \quad (3-10)$$

$$温变系数 T = \frac{瞬态温度场静力学耦合计算峰值 - 基准值}{基准值} \quad (3-11)$$

$$\text{标准值} = \text{基准值} \times (1+D) \times (1+T) \tag{3-12}$$

上述三种顺序热力耦合分析均可在 ABAQUS 有限元软件中实现。首先通过设置热传递分析步、在相互作用模块中定义表面辐射与表面热交换条件、在荷载模块中定义表面热流，即可计算出铺装结构模型的稳态温度场，在此基础上通过对内置子程序 DFLUX 和 DFIELD 进行二次开发并运用环境幅值功能进行 24h 瞬态温度场计算。然后在分析步模块中设置"静力通用"分析步和"动力隐式"分析步，分别模拟静力学分析和动力学分析，并通过在荷载模块中施加预定义温度场的方式，导入桥面铺装模型的稳态温度场和瞬态温度场，从而实现顺序热力耦合。

3.2.5 铺装结构方案设计与优化

1. 铺装结构方案设计

基于结构材料一体化设计理念，混凝土桥面沥青铺装通常包括上层模量、下层模量、上层厚度、下层厚度、防水层模量和防水层厚度 6 类主要设计参数。相关研究表明防水层厚度基本对铺装结构力学响应没有影响[13]，因此可不作为设计参数。为使铺装结构方案具有广泛代表性，同时提高计算效率，采用正交试验方法设计方案。结合工程实际，5 类设计参数（因素）分别取 5 个水平，即采用 5 因素 5 水平的正交表。参照规范并结合铺装材料可能的力学参数，上下层厚度水平分别取 4cm、5cm、6cm、7cm、8cm；上层模量水平分别取基准模型模量的 1 倍、2 倍、3 倍、4 倍、5 倍；下层模量水平分别取基准模型模量的 0.5 倍、1 倍、1.5 倍、2 倍、2.5 倍；防水层模量水平分别取 100MPa、150MPa、200MPa、250MPa、300MPa。

采用 SPSS 25 软件生成（$L_{25}(5^5)$）正交表，如表 3-7 所示。按照表 3-7 安排正交试验方案，选取不同的沥青铺装设计参数建立有限元模型。各方案在建立有限元模型时，除铺装结构厚度和模量按照正交表取值外，结构尺寸、建模方法、参数等均与第 3.2.1 节相同。基于前文的分析，稳态温度场-静力学顺序耦合分析、瞬态温度场-静力学顺序耦合分析采用如图 3-5 所示的荷位；稳态温度场-动力学顺序耦合分析采用如图 3-6 所示的荷位，车速取 60km/h。通过计算铺装结构不同方案下的各设计指标力学响应，分析各指标随设计参数的变化规律与敏感性，初选铺装结构优化方案。

铺装结构方案正交试验设计   表 3-7

试验编号	铺装层上层模量 E_1/Pa	铺装层下层模量 E_2/Pa	铺装层上层厚度 H_1/cm	铺装层下层厚度 H_2/cm	防水层模量 E_3/MPa
1	5	3	4	3	3
2	3	2	5	2	2
3	1	1	1	1	1
4	1	4	2	2	3

续表

试验编号	铺装层上层模量 E_1/Pa	铺装层下层模量 E_2/Pa	铺装层上层厚度 H_1/cm	铺装层下层厚度 H_2/cm	防水层模量 E_3/MPa
5	4	5	2	5	5
6	2	5	5	1	3
7	3	4	4	1	5
8	3	3	2	4	1
9	5	1	5	4	5
10	5	4	1	5	2
11	4	2	1	4	3
12	1	5	4	4	2
13	5	2	2	1	4
14	4	4	5	3	1
15	4	1	4	2	4
16	2	1	2	3	2
17	4	3	3	1	2
18	1	2	3	3	5
19	5	5	3	2	1
20	2	4	3	4	4
21	3	1	3	5	3
22	1	3	5	5	4
23	3	5	1	3	4
24	2	2	4	5	1
25	2	3	1	2	5

2. 正交试验结果与分析

（1）铺装层高温最大剪应力

按照设计的 25 组方案分别开展有限元建模与计算，铺装层高温最大剪应力计算结果见表 3-8，该指标标准值的极差分析与方差分析见表 3-9、表 3-10，变化趋势如图 3-7 所示。

铺装层高温最大剪应力计算结果　　表 3-8

试验编号	基准值/×10^5Pa	动力响应峰值/×10^5Pa	温变响应峰值/×10^5Pa	动力系数	温变系数	标准值/×10^5Pa
1	7.890	6.210	8.155	−0.2129	0.0336	6.419
2	7.720	6.060	7.940	−0.2150	0.0285	6.233
3	7.120	5.560	7.265	−0.2191	0.0204	5.673
4	6.980	5.510	7.295	−0.2106	0.0451	5.759
5	7.785	6.120	8.105	−0.2139	0.0411	6.372
6	7.335	5.765	7.550	−0.2140	0.0293	5.934

续表

试验编号	基准值/×10⁵Pa	动力响应峰值/×10⁵Pa	温变响应峰值/×10⁵Pa	动力系数	温变系数	标准值/×10⁵Pa
7	7.380	5.815	7.665	−0.2121	0.0386	6.040
8	7.740	6.085	7.990	−0.2138	0.0323	6.282
9	8.105	6.360	8.280	−0.2153	0.0216	6.497
10	7.910	6.200	8.235	−0.2162	0.0411	6.455
11	8.100	6.360	8.390	−0.2148	0.0358	6.588
12	7.170	5.620	7.325	−0.2162	0.0216	5.741
13	7.945	6.205	8.330	−0.2190	0.0485	6.506
14	7.700	6.050	7.940	−0.2143	0.0312	6.239
15	8.085	6.360	8.305	−0.2134	0.0272	6.533
16	8.055	6.335	8.260	−0.2135	0.0255	6.496
17	7.655	6.030	7.965	−0.2123	0.0405	6.274
18	7.255	5.705	7.415	−0.2136	0.0221	5.831
19	7.665	6.040	7.970	−0.2120	0.0398	6.280
20	7.270	5.705	7.475	−0.2153	0.0282	5.866
21	8.120	6.345	8.300	−0.2186	0.0222	6.486
22	7.270	5.680	7.420	−0.2187	0.0206	5.797
23	7.180	5.650	7.470	−0.2131	0.0404	5.878
24	7.690	6.010	7.870	−0.2185	0.0234	6.151
25	7.080	5.580	7.320	−0.2119	0.0339	5.769

铺装层高温最大剪应力极差分析结果　　表3-9

因素	上层模量E_1/Pa	下层模量E_2/Pa	上层厚度H_1/cm	下层厚度H_2/cm	防水层模量E_3/MPa
K_1	28.800	31.685	30.363	30.427	30.625
K_2	30.215	31.309	31.415	30.574	31.199
K_3	30.920	30.541	30.737	30.863	31.186
K_4	32.005	30.359	30.884	30.974	30.580
K_5	32.155	30.205	30.700	31.261	30.509
$\overline{K}_1$	5.760	6.337	6.073	6.085	6.125
$\overline{K}_2$	6.043	6.262	6.283	6.115	6.240
$\overline{K}_3$	6.184	6.108	6.147	6.173	6.237
$\overline{K}_4$	6.401	6.072	6.177	6.195	6.116
$\overline{K}_5$	6.431	6.041	6.140	6.252	6.102
最优水平	A1	B5	C1	D1	E5
$\overline{R}_i$	0.671	0.296	0.210	0.167	0.138
主次顺序	ABCDE				

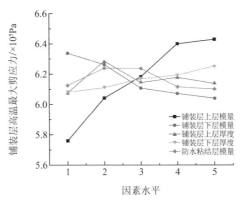

图 3-7 不同因素水平的铺装层高温最大剪应力

铺装层高温最大剪应力方差分析结果　　　　　　　表 3-10

因素	Ⅲ类平方和	自由度	均方	统计量F	相伴概率P
上层模量E_1/Pa	1.529	4	0.382	23.042	5.05×10^{-3}
下层模量E_2/Pa	0.331	4	0.083	4.991	7.43×10^{-2}
上层厚度H_1/cm	0.118	4	0.029	1.773	2.96×10^{-1}
下层厚度H_2/cm	0.087	4	0.022	1.311	4.00×10^{-1}
防水层模量E_3/MPa	0.094	4	0.023	1.416	3.72×10^{-1}
误差	0.066	4	0.017		
总计	2.225	24			

由表 3-8 可知,车辆动载效应与温度变化效应对铺装层高温最大剪应力τ_{max}影响较小。动载效应并不会使τ_{max}变大,各方案的动力响应峰值相对于基准值减小 21%左右;温度变化效应使τ_{max}略微增大,各方案的温变响应峰值相对于基准值增加 2%~5%。由表 3-9、表 3-10 可知,上层模量是影响τ_{max}的最主要因素,该因素的相伴概率小于显著性水平 0.01,表明该因素对τ_{max}影响极为显著,其他因素均不显著。从图 3-7 看出,随着上层模量E_1的增加,τ_{max}单调增大,最多可增加 11.7%。因此,可认为上层模量在水平 1 时τ_{max}最小,铺装层发生变形类病害的可能性越小。

(2)防水层高温最大剪应力

防水层高温最大剪应力计算结果如表 3-11 所示,该指标标准值的极差分析与方差分析分别见表 3-12、表 3-13,变化趋势如图 3-8 所示。

防水层高温最大剪应力计算结果　　　　　　　表 3-11

试验编号	基准值/×10^5Pa	动力响应峰值/×10^5Pa	温变响应峰值×10^5Pa	动力系数	温变系数	标准值/×10^5Pa
1	3.184	2.580	3.316	−0.1896	0.0415	2.687
2	3.384	2.652	3.451	−0.2163	0.0199	2.704
3	4.101	3.148	4.193	−0.2324	0.0224	3.219
4	4.457	3.478	4.463	−0.2196	0.0015	3.483

续表

试验编号	基准值/×10⁵Pa	动力响应峰值/×10⁵Pa	温变响应峰值×10⁵Pa	动力系数	温变系数	标准值/×10⁵Pa
5	3.428	2.689	3.589	−0.2156	0.0468	2.815
6	3.941	3.071	3.955	−0.2207	0.0037	3.082
7	3.875	3.032	3.878	−0.2177	0.0006	3.033
8	3.361	2.635	3.428	−0.2160	0.0201	2.687
9	2.762	2.195	2.994	−0.2053	0.0838	2.379
10	3.292	2.585	3.346	−0.2146	0.0166	2.628
11	3.587	2.813	3.701	−0.2158	0.0318	2.902
12	3.738	2.642	3.746	−0.2932	0.0021	2.648
13	3.554	2.875	3.598	−0.1912	0.0124	2.910
14	2.957	2.323	3.074	−0.2144	0.0394	2.415
15	3.168	2.511	3.266	−0.2073	0.0311	2.589
16	3.768	2.954	3.840	−0.2159	0.0192	3.011
17	3.583	2.584	3.614	−0.2787	0.0087	2.606
18	4.515	3.517	4.603	−0.2210	0.0194	3.585
19	3.089	2.435	3.118	−0.2119	0.0092	2.457
20	3.867	3.017	3.940	−0.2198	0.0189	3.074
21	3.229	2.538	3.389	−0.2142	0.0496	2.663
22	3.938	3.055	4.050	−0.2244	0.0284	3.141
23	3.980	3.111	4.032	−0.2183	0.0131	3.152
24	3.312	2.581	3.424	−0.2206	0.0340	2.669
25	4.501	3.527	4.542	−0.2163	0.0092	3.560

防水层高温最大剪应力极差分析结果　　表 3-12

因素	铺装层上层模量 E_1/Pa	铺装层下层模量 E_2/Pa	铺装层上层厚度 H_1/cm	铺装层下层厚度 H_2/cm	防水层模量 E_3/MPa
K_1	16.076	13.861	15.461	14.850	13.447
K_2	15.396	14.770	14.906	14.793	13.597
K_3	14.239	14.681	14.385	14.850	14.817
K_4	13.327	14.633	13.626	13.690	14.866
K_5	13.061	14.154	13.721	13.916	15.372
$\overline{K}_1$	3.215	2.772	3.092	2.970	2.689
$\overline{K}_2$	3.079	2.954	2.981	2.959	2.719
$\overline{K}_3$	2.848	2.936	2.877	2.970	2.963
$\overline{K}_4$	2.665	2.927	2.725	2.738	2.973

续表

因素	铺装层上层模量 E_1/Pa	铺装层下层模量 E_2/Pa	铺装层上层厚度 H_1/cm	铺装层下层厚度 H_2/cm	防水层模量 E_3/MPa
$\overline{K}_5$	2.612	2.831	2.744	2.783	3.074
最优水平	A5	B1	C4	D4	E1
$\overline{R}_i$	0.603	0.182	0.367	0.232	0.385
主次顺序	AECDB				

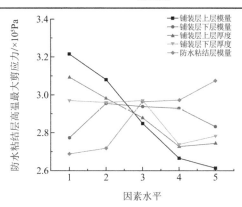

图 3-8 不同因素水平的防水层高温最大剪应力

防水层高温最大剪应力方差分析结果   表 3-13

因素	Ⅲ类平方和	自由度	均方	统计量 F	相伴概率 P
铺装层上层模量 E_1/Pa	180.486	4	45.122	63.611	7.11×10^{-4}
铺装层下层模量 E_2/Pa	2.812	4	0.703	0.991	5.03×10^{-1}
铺装层上层厚度 H_1/cm	4.172	4	1.043	1.471	3.59×10^{-1}
铺装层下层厚度 H_2/cm	5.340	4	1.335	1.882	2.78×10^{-1}
防水层模量 E_3/MPa	1.881	4	0.470	0.663	6.50×10^{-1}
误差	2.837	4	0.709		
总计	197.528	24			

由表 3-11 可知，车辆动载效应对防水层高温最大剪应力 $\tau_{m,max}$ 影响不大，但温度变化效应对 $\tau_{m,max}$ 有一定的影响。动载效应并不会使 $\tau_{m,max}$ 变大，各方案的动力响应峰值相对于基准值减小 18%~23%；温度变化效应会使 $\tau_{m,max}$ 有所增大，且不同工况的增幅差异较大，各方案的温变响应峰值相对于基准值增加幅度为 0.06%~8.4%。表 3-12 极差分析结果表明上层模量是影响 $\tau_{m,max}$ 的最主要因素，当 E_1 为水平 5、E_2 为水平 1、上层厚度为水平 4、下层厚度为水平 4、防水层模量为水平 1 时，防水层发生高温剪切破坏的可能性最小。表 3-13 方差分析结果表明上层模量对 $\tau_{m,max}$ 的影响极为最显著，其他因素均不显著。从趋势图 3-8 可以看出，随着上层模量的增加，$\tau_{m,max}$ 单调减小，最多减小 18.8%；下层模量、上层厚度、下层厚度与防水层模量对 $\tau_{m,max}$ 也有不同程度的影响，但变化幅度均不超过 13%。

（3）防水层高温最大竖向拉应力

防水层高温最大竖向拉应力计算结果见表 3-14，该指标标准值的极差分析与方差分析分别见表 3-15、表 3-16，变化趋势如图 3-9 所示。

防水层高温最大竖向拉应力计算结果　　　　表 3-14

试验编号	基准值/×10⁵Pa	动力响应峰值/×10⁵Pa	温变响应峰值/×10⁵Pa	动力系数	温变系数	标准值/×10⁵Pa
1	0.997	0.776	1.102	−0.2217	0.1053	0.858
2	1.041	0.808	1.118	−0.2238	0.0740	0.868
3	2.284	1.867	2.331	−0.1826	0.0206	1.905
4	1.701	1.342	1.736	−0.2111	0.0206	1.370
5	1.162	0.879	1.290	−0.2435	0.1102	0.976
6	1.224	1.106	1.480	−0.0964	0.2092	1.337
7	1.271	0.964	1.305	−0.2415	0.0268	0.990
8	1.181	0.900	1.238	−0.2379	0.0483	0.943
9	0.853	0.765	0.975	−0.1032	0.1430	0.874
10	1.090	0.814	1.175	−0.2532	0.0780	0.877
11	1.157	0.879	1.214	−0.2403	0.0493	0.922
12	1.641	1.248	1.708	−0.2395	0.0408	1.299
13	1.141	0.836	1.222	−0.2673	0.0710	0.895
14	0.948	0.734	1.065	−0.2257	0.1234	0.825
15	0.972	0.809	1.045	−0.1677	0.0751	0.870
16	1.139	0.851	1.182	−0.2529	0.0378	0.883
17	1.075	0.847	1.104	−0.2121	0.0270	0.870
18	1.579	1.344	1.720	−0.1488	0.0893	1.464
19	1.088	0.813	1.156	−0.2528	0.0625	0.864
20	1.416	1.064	1.462	−0.2486	0.0325	1.099
21	0.889	0.754	0.977	−0.1519	0.0990	0.829
22	1.525	1.190	1.656	−0.2197	0.0859	1.292
23	1.385	1.032	1.413	−0.2549	0.0202	1.053
24	1.053	0.789	1.155	−0.2507	0.0969	0.865
25	1.434	1.096	1.754	−0.2357	0.2232	1.341

防水层高温最大竖向拉应力极差分析结果　　　　表 3-15

因素	铺装层上层模量 E_1/Pa	铺装层下层模量 E_2/Pa	铺装层上层厚度 H_1/cm	铺装层下层厚度 H_2/cm	防水层模量 E_3/MPa
K_1	7.330	5.361	6.098	5.997	5.402
K_2	5.525	5.014	5.067	5.313	4.797

续表

因素	铺装层上层模量 E_1/Pa	铺装层下层模量 E_2/Pa	铺装层上层厚度 H_1/cm	铺装层下层厚度 H_2/cm	防水层模量 E_3/MPa
K_3	4.683	5.304	5.126	5.083	5.316
K_4	4.463	5.161	4.882	5.137	5.209
K_5	4.368	5.529	5.196	4.839	5.645
$\overline{K}_1$	1.466	1.072	1.220	1.199	1.080
$\overline{K}_2$	1.105	1.003	1.013	1.063	0.959
$\overline{K}_3$	0.937	1.061	1.025	1.017	1.063
$\overline{K}_4$	0.893	1.032	0.976	1.027	1.042
$\overline{K}_5$	0.874	1.106	1.039	0.968	1.129
最优水平	A5	B2	C4	D5	E2
$\overline{R}_i$	0.592	0.103	0.243	0.232	0.170
主次顺序	ACDEB				

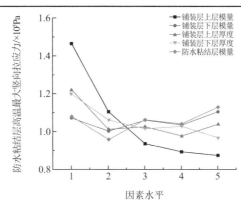

图 3-9 不同因素水平的防水层高温最大竖向拉应力

防水层高温最大竖向拉应力方差分析结果　　表 3-16

因素	Ⅲ类平方和	自由度	均方	统计量 F	相伴概率 P
铺装层上层模量 E_1/Pa	1.224	4	0.306	15.15	9.02×10^{-3}
铺装层下层模量 E_2/Pa	0.031	4	0.008	0.381	8.14×10^{-1}
铺装层上层厚度 H_1/cm	0.181	4	0.045	2.237	2.27×10^{-1}
铺装层下层厚度 H_2/cm	0.154	4	0.038	1.904	2.74×10^{-1}
防水层模量 E_3/MPa	0.078	4	0.019	0.960	5.15×10^{-1}
误差	0.081	4	0.020		
总计	1.749	24			

由表 3-14 可知，车辆动载效应对防水层高温竖向最大拉应力 $\sigma_{m,max}$ 影响不大，但温度变化效应对 $\sigma_{m,max}$ 影响较大。动载效应并不会使 $\sigma_{m,max}$ 变大，各方案的动力响应峰值相对于基准值减少 9%～27%；温度变化效应使 $\sigma_{m,max}$ 有所增大，且不同工况的增幅差异较大，

温变响应峰值相对于基准值增加的幅度为 2.1%～22.3%。由表 3-15 极差分析结果得到影响 $\sigma_{m,max}$ 的主次因素顺序为上层模量、上层厚度、下层厚度、防水层模量、下层模量。由表 3-16 方差分析结果得出上层模量对 $\sigma_{m,max}$ 影响极为显著,其他因素则不显著。从图 3-9 可以看出,随着上层模量的增加,$\sigma_{m,max}$ 单调减小,最多可减小 40.4%;下层模量、上层厚度、下层厚度与防水层模量对 $\sigma_{m,max}$ 的影响也较大。$\sigma_{m,max}$ 随着防水层模量的增加而先减后增,最大增幅为 17.7%;$\sigma_{m,max}$ 随下层模量、上层厚度与下层厚度的变化无明显规律,变化幅度分别为 19.9%、19.3% 和 9.3%。综上分析,当上层模量为水平 5、下层模量为水平 2、上层厚度为水平 4、下层厚度为水平 5、防水层模量为水平 2 时,防水层发生高温粘结破坏的可能性较小。

(4) 铺装层常温最大拉应变

铺装层常温最大拉应变计算结果见表 3-17,该指标标准值的极差分析与方差分析分别见表 3-18 和表 3-19,变化趋势如图 3-10 所示。

铺装层常温最大拉应变计算结果　　　　表 3-17

试验编号	基准值/×10^{-4}	动力响应峰值/×10^{-4}	温变响应峰值/×10^{-4}	动力系数	温变系数	标准值/×10^{-4}
1	0.734	1.013	1.486	0.3801	1.0245	2.051
2	1.021	1.204	1.759	0.1792	0.7228	2.074
3	1.242	3.343	3.870	1.6916	2.1159	10.417
4	0.940	3.418	2.993	2.6362	2.1840	10.883
5	0.655	0.736	1.540	0.1237	1.3511	1.730
6	0.862	1.819	1.913	1.1102	1.2193	4.037
7	0.631	1.207	1.743	0.9128	1.7623	3.334
8	0.965	1.141	2.104	0.1824	1.1803	2.488
9	1.198	1.431	1.951	0.1945	0.6285	2.330
10	0.750	0.862	1.513	0.1493	1.0173	1.739
11	0.961	1.100	1.939	0.1446	1.0177	2.219
12	1.183	3.492	3.101	1.9518	1.6213	9.154
13	0.672	0.871	1.802	0.2946	1.6786	2.330
14	0.822	0.945	1.491	0.1496	0.8139	1.714
15	1.213	1.498	1.58	0.2350	0.3026	1.951
16	1.580	1.831	2.308	0.1589	0.4608	2.675
17	0.697	0.891	1.631	0.2783	1.3400	2.085
18	1.205	3.393	2.910	1.8158	1.4149	8.194
19	0.628	0.774	1.465	0.2325	1.3328	1.806

续表

试验编号	基准值/×10^{-4}	动力响应峰值/×10^{-4}	温变响应峰值/×10^{-4}	动力系数	温变系数	标准值/×10^{-4}
20	0.848	1.713	2.009	1.0200	1.4764	4.242
21	1.501	1.683	2.278	0.1213	0.5177	2.554
22	1.558	3.386	3.337	1.1733	1.1418	7.252
23	0.561	1.351	1.795	1.4082	2.1996	4.323
24	1.486	1.687	2.113	0.1353	0.4219	2.399
25	0.636	1.726	1.754	1.7138	1.7579	4.760

铺装层常温最大拉应变极差分析结果　　表 3-18

因素	铺装层上层模量 E_1/Pa	铺装层下层模量 E_2/Pa	铺装层上层厚度 H_1/cm	铺装层下层厚度 H_2/cm	防水层模量 E_3/MPa
K_1	45.900	19.927	23.458	22.203	18.824
K_2	18.113	17.216	20.106	21.474	17.727
K_3	14.773	18.636	18.889	18.957	21.744
K_4	9.699	21.912	18.881	20.433	20.098
K_5	10.256	21.050	17.407	15.674	20.348
$\overline{K}_1$	9.180	3.985	4.692	4.441	3.765
$\overline{K}_2$	3.623	3.443	4.021	4.295	3.545
$\overline{K}_3$	2.955	3.727	3.778	3.791	4.349
$\overline{K}_4$	1.940	4.382	3.776	4.087	4.020
$\overline{K}_5$	2.051	4.210	3.481	3.135	4.070
最优水平	A4	B2	C5	D5	E2
$\overline{R}_i$	7.240	0.939	1.210	1.306	0.803
主次顺序	ADCBE				

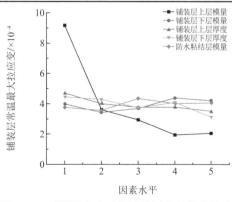

图 3-10　不同因素水平的铺装层常温最大拉应变

铺装层常温最大拉应变方差分析结果 表3-19

因素	Ⅲ类平方和	自由度	均方	统计量F	相伴概率P
上层模量E_1/Pa	2.836	4	0.709	351.640	2.40×10^{-5}
下层模量E_2/Pa	0.198	4	0.050	24.597	4.46×10^{-3}
上层厚度H_1/cm	0.727	4	0.182	90.199	3.58×10^{-4}
下层厚度H_2/cm	0.665	4	0.166	82.454	4.27×10^{-4}
防水层模量E_3/MPa	0.353	4	0.088	43.727	1.48×10^{-3}
误差	0.008	4	0.002		
总计	4.787	24			

由表3-17可知，车辆动载效应与温度变化效应对铺装层常温最大拉应变ε_{max}影响极大，动力响应峰值和温变响应峰值相对于基准值的最小增幅分别为12.1%和30.3%，且不同工况下的增幅差异很大，分别为251.5%和189.7%。这说明通过结构优化设计来消除车辆动载与温度变化对ε_{max}的不利影响是比较困难的。极差分析结果表明上层模量是影响ε_{max}的最主要因素；方差分析结果表明所有因素对ε_{max}影响均极为显著，其中上层模量最为显著。从图3-10可知：随着上层模量的增加，ε_{max}先减小后增大，水平1时最大，水平4时达到最小，水平1比水平4增大了373.2%；ε_{max}随着上层厚度的增加而单调减少，最大可减少25.8%；ε_{max}随下层模量、下层厚度与防水层模量的变化无明显规律，但影响也较大，最大增幅分别可达27.3%、41.7%和22.7%。

综上可认为，上层模量为水平4、下层模量为水平2、上层厚度为水平5、下层厚度为水平5、防水层模量为水平2时，铺装层发生疲劳开裂的可能性最小。

（5）铺装层低温最大拉应力

铺装层低温最大拉应力计算结果见表3-20，该指标标准值的极差分析与方差分析见表3-21、表3-22，变化趋势如图3-11所示。

铺装层低温最大拉应力计算结果 表3-20

试验编号	基准值/$\times 10^5$Pa	动力响应峰值/$\times 10^5$Pa	温变响应峰值/$\times 10^5$Pa	动力系数	温变系数	标准值/$\times 10^5$Pa
1	8.498	6.598	10.230	−0.2236	0.2038	7.943
2	7.568	6.028	8.833	−0.2035	0.1672	7.036
3	4.540	3.585	5.268	−0.2104	0.1604	4.160
4	6.290	5.134	8.289	−0.1838	0.3178	6.766
5	7.350	5.937	8.821	−0.1922	0.2001	7.125
6	5.381	5.293	6.975	−0.2022	0.2962	5.565
7	6.952	5.638	7.474	−0.1890	0.0751	6.061
8	7.376	5.993	8.565	−0.1875	0.1612	6.959
9	10.030	7.797	11.560	−0.2226	0.1525	8.986

续表

试验编号	基准值/×10^5Pa	动力响应峰值/×10^5Pa	温变响应峰值/×10^5Pa	动力系数	温变系数	标准值/×10^5Pa
10	8.353	6.675	10.320	−0.2009	0.2355	8.247
11	8.627	6.705	11.190	−0.2228	0.2971	8.697
12	6.882	5.420	8.675	−0.2124	0.2605	6.832
13	8.747	6.740	10.680	−0.2295	0.2210	8.229
14	8.097	6.260	9.295	−0.2269	0.1480	7.186
15	9.007	7.012	10.710	−0.2215	0.1891	8.338
16	7.760	6.276	8.335	−0.1912	0.0741	6.741
17	7.847	6.145	9.643	−0.2169	0.2289	7.551
18	4.181	3.305	5.269	−0.2095	0.2602	4.165
19	8.386	6.566	10.060	−0.2170	0.1996	7.877
20	5.193	4.541	6.790	−0.1256	0.3075	5.937
21	9.190	7.115	10.290	−0.2258	0.1197	7.967
22	4.756	3.717	5.650	−0.2185	0.1880	4.416
23	5.887	4.467	7.858	−0.2412	0.3348	5.963
24	7.290	5.878	7.768	−0.1937	0.0656	6.263
25	4.735	3.806	6.223	−0.1962	0.3143	5.002

铺装层低温最大拉应力极差分析结果　　　　表 3-21

因素	铺装层上层模量 E_1/Pa	铺装层下层模量 E_2/Pa	铺装层上层厚度 H_1/cm	铺装层下层厚度 H_2/cm	防水层模量 E_3/MPa
K_1	26.339	36.192	32.069	31.566	32.445
K_2	29.508	34.390	35.820	35.019	36.407
K_3	33.986	31.871	33.497	31.998	36.938
K_4	38.897	34.197	35.437	37.411	32.883
K_5	41.282	33.362	33.189	34.018	31.339
$\overline{K}_1$	5.268	7.238	6.414	6.313	6.489
$\overline{K}_2$	5.902	6.878	7.164	7.004	7.281
$\overline{K}_3$	6.797	6.374	6.699	6.400	7.388
$\overline{K}_4$	7.779	6.839	7.087	7.482	6.577
$\overline{K}_5$	8.256	6.672	6.638	6.804	6.268
最优水平	A1	B3	C1	D1	E5
$\overline{R}_i$	2.989	0.864	0.750	1.169	1.120
主次顺序	ADEBC				

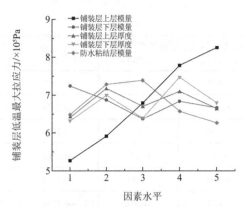

图 3-11 不同因素水平的铺装层低温最大拉应力

铺装层低温最大拉应力方差分析结果 表 3-22

因素	Ⅲ类平方和	自由度	均方	统计量F	相伴概率P
上层模量E_1/Pa	31.175	4	7.794	20.448	6.32×10^{-3}
下层模量E_2/Pa	1.987	4	0.497	1.303	4.02×10^{-1}
上层厚度H_1/cm	2.003	4	0.501	1.314	3.99×10^{-1}
下层厚度H_2/cm	4.521	4	1.13	2.965	1.59×10^{-1}
防水层模量E_3/MPa	5.034	4	1.259	3.302	1.37×10^{-1}
误差	1.525	4	0.381		
总计	46.245	24			

由表 3-20 可知，车辆动载效应对铺装层低温最大拉应力σ_{max}影响不大，但温度变化效应对σ_{max}影响较大。与$\tau_{m,max}$类似，各方案的动力响应峰值相对于基准值减少 18%～23%；温变效应会使σ_{max}有所增大，且不同工况的增幅差距较大，增加的幅度为 6.6%～33.5%，表明不同设计参数的铺装结构低温抗裂能力有较大差异，因此通过优化结构设计参数来控制该指标是必要的。由表 3-21、表 3-22 可以得到，影响σ_{max}的主次因素顺序为上层模量、下层厚度、防水层模量、下层模量、上层厚度；上层模量对σ_{max}影响极为显著，其他因素则不显著。从图 3-11 可看出：随着上层模量的增加，σ_{max}单调增大，最多可增大 56.7%；σ_{max}随着防水层模量的增加先增后减，最大增幅为 17.9%；σ_{max}随着下层模量、上层厚度和下层厚度的变化无明显规律，最大增幅分别为 13.6%、11.7% 和 18.5%。

综上可认为，上层模量为水平 1、下层模量为水平 3、上层厚度为水平 1、下层厚度为水平 1、防水层模量为水平 5 时，铺装层发生低温开裂的可能性最小。

3. 初选铺装结构优化方案

基于上述各方案设计指标的计算结果及分析，从理论与工程实践的要求考虑，初选两种理论型与两种应用型铺装结构优化方案。由上文分析结果可知，上层模量是影响所有设计指标的最主要因素且影响均为极显著。随着上层模量的增加，各指标均为单调变化。当上层模量较大时，结构发生防水层破坏与疲劳开裂的可能性较小，选择水平 4 时，ε_{max}最小，$\sigma_{m,max}$ 与 $\tau_{m,max}$ 仅比水平 5 的最小值分别增大了 2.0%和 2.2%；当上层模量较低时，结构发生高温变形类破坏与低温开裂的可能性较低，选择水平 1 即可。因此，根据上层模量的不同选择，可将理论结构优化方案分为以下两种。

第一种理论型铺装结构优化方案主要控制防水层破坏与疲劳开裂。由上文分析可知，ε_{max} 对各设计参数的敏感性比 $\sigma_{m,max}$、$\tau_{m,max}$ 强，且除上层模量外的其他参数对 $\sigma_{m,max}$ 与 $\tau_{m,max}$ 影响均不显著，因此各设计参数首先选择疲劳开裂可能性最低的水平，并将该水平下的 $\sigma_{m,max}$、$\tau_{m,max}$ 与防水层破坏可能性最低的设计参数水平对应的 $\sigma_{m,max}$ 与 $\tau_{m,max}$ 进行对比。下层模量取水平 2 时，$\sigma_{m,max}$ 也取最小值，$\tau_{m,max}$ 仅比水平 1 的最小值增大 6.6%；上下层厚度为水平 5 时，$\sigma_{m,max}$ 与 $\tau_{m,max}$ 仅比水平 4 的最小值增大 0.7%和 6.4%；防水层模量为水平 2 时，$\sigma_{m,max}$ 也取最小值，$\tau_{m,max}$ 仅比水平 1 的最小值增大了 1.1%。综上分析，防水层破坏与疲劳开裂可采用同一种铺装结构优化方案来控制，该方案为上层模量取水平 4（20℃弹性模量约为 3400MPa）、下层模量取水平 2（20℃弹性模量约为 1040MPa）、上层厚度取水平 5（8cm）、下层厚度取水平 5（8cm）、防水层模量取水平 2（弹性模量为 150MPa）。

第二种理论型铺装结构优化方案主要控制高温变形类破坏与低温开裂。由上文分析可知，除上层模量外的其他参数对 σ_{max} 与 τ_{max} 影响均不显著，且对 τ_{max} 的影响比 σ_{max} 更小，因此高温变形类破坏与低温开裂可采用同一种铺装结构优化方案来控制。确定的方案为上层模量取水平 1（20℃弹性模量约为 850MPa）、下层模量取水平 3（20℃弹性模量约为 1560MPa）、上层厚度取水平 1（4cm）、下层厚度取水平 1（4cm）、防水层模量取水平 5（弹性模量为 300MPa）。

依据依托工程及大多数高速公路水泥混凝土桥面的工程经验，沥青铺装层总厚度一般设计为 10cm，参考规范中对 SMA13 与 AC13 最小层厚的要求[14]，可形成 4cm + 6cm 与 5cm + 5cm 两种厚度组合。根据上文分析，这两种厚度组合对控制防水层破坏与疲劳开裂较为不利，因此需要通过优化材料参数来提高结构性能。（1）对于 4cm + 6cm 厚度组合方案，厚度参数对 ε_{max} 有不利影响，当该方案上层模量取水平 4（20℃弹性模量为 3400MPa）、下层模量取水平 2（20℃弹性模量为 1040MPa）、防水层模量取水平 2（弹性模量为 150MPa）时可最大限度地减小不利影响。（2）对于 5cm + 5cm 厚度组合方案，由上文分析可知，该上层厚度、下层厚度水平的 σ_{max} 比最小值分别增加了 11.7%和 12.2%，因此该厚度组合对控制低温开裂也略有不利。故在材料参数水平的选择时，在参考 4cm + 6cm 厚度组合方案的基础上，选择调整对 ε_{max} 影响相对最不显著的下层模量，将其改变为水平 3（20℃弹性模量为 1560MPa）。

3.3 沥青铺装结构性能验算

第 3.2 节初选了 4 种优化的铺装结构方案，分别为两种应用型方案（编号 1、2）、两种理论型方案（编号4、5）。另外，加上一些工程中采用的另外两种方案（编号3、6），总计形成6种方案，见表3-23。采用第3.1节中的方法，对这6种铺装结构方案进行结构性能验算与对比分析，基于设计指标计算与验算方法的总结，形成混凝土桥梁沥青铺装结构设计方法及流程。

混凝土桥梁沥青铺装结构验算方案　　　　表3-23

方案编号	上层模量E_1水平	下层模量E_2水平	上层厚度H_1/cm	下层厚度H_2/cm	防水层模量E_3水平
1	4	2	4	6	2
2	4	3	5	5	2
3	1	2	4	6	2
4	4	2	8	8	2
5	1	3	4	4	5
6	4	—	2	—	2

3.3.1 应力类设计指标验算

通过调研有关沥青混合料和防水层的研究情况，各应力类设计指标一般可以达到的标准如下：铺装层材料高温抗剪强度和低温劈裂抗拉强度为1.0MPa，防水层材料高温抗剪强度和粘结强度分别为0.32MPa和0.23MPa。各方案的应力类设计指标计算结果见表3-24。

应力类设计指标验算指标计算结果（单位：×10^5Pa）　　　表3-24

方案编号	铺装层高温最大剪应力	铺装层低温最大拉应力	防水层高温最大剪应力	防水层高温最大竖向拉应力
1	8.676	7.850	2.246	0.803
2	7.115	7.527	2.233	0.861
3	6.298	4.453	3.311	1.377
4	6.925	7.192	2.256	0.751
5	5.423	4.153	3.402	1.934
6	5.860	6.722	3.647	0.976

由表3-24的计算结果可以看出：

（1）铺装层高温最大剪应力τ_{max}由小到大分别为方案5、6、3、4、2、1。所有方案均小于材料高温抗剪强度，理论上可认为所有方案均不会因高温抗剪而发生高温变形类病害。相对于目前常用的方案3，方案5和方案6的τ_{max}分别减少了13.9%和7.0%，其他方案增加了10.0%~24.4%。

（2）铺装层低温最大拉应力σ_{max}由小到大分别为方案5、3、6、4、2、1。所有方案均小于材料低温劈裂抗拉强度，理论上可认为所有方案均不会因低温抗拉不足而发生低温开裂。相对于方案3，方案5的σ_{max}减少了6.7%，其余方案增加了50.9%~76.3%。

（3）防水层高温最大剪应力$\tau_{m,max}$由小到大分别为方案2、1、4、3、5、6。方案6、5、3分别超过了材料高温抗剪强度12.6%、5.0%、2.2%，理论上方案6、5、3可能发生防水层破坏。其余方案均小于材料高温抗剪强度，可认为均不会发生防水层剪切破坏。相对于方案3、方案2、方案1和方案4的$\tau_{m,max}$至少可减小31%。

（4）防水层高温最大竖向拉应力$\sigma_{m,max}$由小到大分别为方案4、1、2、6、3、5。所有方案均小于材料高温粘结强度，理论上可认为均不会发生防水层粘结失效。相对于方案3，除了方案5以外，其他方案的$\sigma_{m,max}$均可明显降低，最多可减小45.5%。

综合上述分析可知，对于常用的10cm厚铺装结构，如材料的力学参数（模量等）达到合适的水平，理论上可避免因材料强度不足而造成的各类病害。对于单层2cm超薄铺装结构（方案6），沥青混合料层高温抗剪与低温抗拉应力均较小，但需要考虑薄层铺装能否有效保护防水层，尚需进一步工程应用验证。

为给工程实践中各铺装层的材料设计提供参考依据，对铺装层厚度为10cm的方案1～方案3开展进一步分析，探究铺装层不同深度处高温最大剪应力τ^h_{max}和低温最大拉应力σ^h_{max}的变化规律，计算结果如图3-12、图3-13所示。

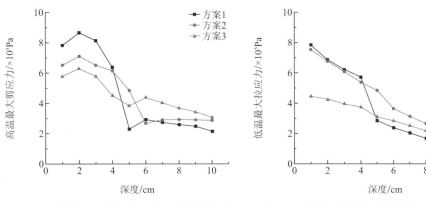

图3-12 铺装层不同深度的高温最大剪应力　　图3-13 铺装层不同深度的低温最大拉应力

由图3-12、图3-13可以看出：

（1）不同方案的τ^h_{max}随着铺装层深度变化趋势基本相同。铺装层上层的τ^h_{max}随着深度的增加先增后减，且均在2cm处达到最大值，在铺装层上层的底部达到最小值，3种方案铺装层上层不同深度的τ^h_{max}最大值比最小值可增加35.6%～46.1%。铺装层下层的τ^h_{max}随着深度的增加同样也是先增后减，但峰值出现的深度不同，4cm+6cm组合方案均在6cm处达到最大值，在铺装层下层的底部达到最小值；5cm+5cm组合方案在8cm处达到最大值，在铺装层下层的顶部达到最小值。不同方案铺装层的τ^h_{max}在交界面均出现了突变；上层模量水平一定时，下层模量越大，则上层的τ^h_{max}越小且下层的τ^h_{max}越大；下层模量水平一定时，上层模量越大，则上层的τ^h_{max}越大且下层的τ^h_{max}越小；上下层模量水平越接近，上下层τ^h_{max}最大值的差异越小。

（2）不同方案的σ^h_{max}随着铺装层深度变化趋势均相同。各方案整个铺装层的σ^h_{max}随着深度增加均单调降低，铺装层上层不同深度的σ^h_{max}最大值比最小值增加19.0%～37.6%。3种方案铺装层下层不同深度的σ^h_{max}最大值比最小值增加76.2%～105.6%。上下层模量组合对σ^h_{max}的影响与τ^h_{max}相同。不同方案铺装层在上层模量水平一定时，下层模量越大，则上层σ^h_{max}越小且下层σ^h_{max}越大；下层模量水平一定时，上层模量越大，则上层σ^h_{max}越大且下层的σ^h_{max}越小；上下层模量水平越接近，上下层σ^h_{max}最大值的差异越小。

综合以上分析可以得出：相对于铺装层下层沥青混合料，上层材料需要更高的高温抗剪强度和低温劈裂抗拉强度。上述规律与沥青路面结构面层按照规范计算得出的规律不同，究其原因主要有：一是二者结构存在差异，桥面铺装结构各指标最大值在纵向上均产生在固定支座处，该位置加之横隔板的作用，铺装层上层既有较大的负弯矩产生，又有横隔变形不协调造成的铺装层表面过大剪应力，因此最不利力学响应出现在上层。二是二者计算方法存在差异，路面结构计算一般不考虑热力耦合，但桥面铺装计算方法引入了温度场，并考虑了模量随温度变化。本计算方法引入了温变效应系数，考虑了温度应力与车辆荷载应力的非线性叠加效应。三是二者指标的计算点位置选取存在差异，规范中位置选取时不考虑路面纵向上的差异，而该方法中位置选取时考虑了整个平面位置。

3.3.2 铺装结构疲劳寿命验算

1. 疲劳累计损伤计算方法

目前提出的疲劳累积损伤模型众多，其中基于线性累积损伤理论的Palmgren-miner准则应用较为广泛，其基本表达式以及在桥面铺装体系计算中的含义如下[15]。

$$D = \frac{n}{N} = \sum_{i=1}^{k} D_i = \sum_{i=1}^{k} \frac{n_i}{N_i} \tag{3-13}$$

式中：n——循环荷载实际作用次数，对应到桥面铺装结构中，即设计年限内累计标准轴次换算成室内试验的加载次数；

N——疲劳损伤寿命，对应到桥面铺装结构中，即由铺装材料疲劳方程确定的在应变为ε_{max}时的室内试验疲劳寿命；

D——损伤量，当损伤量大于1时，则认为发生疲劳破坏；

n_i——第i级水平下循环荷载实际作用次数，对应到桥面铺装结构中，即第i级温度水平下设计年限内累计标准轴次换算成室内试验的加载次数；

N_i——第i级水平下疲劳损伤寿命，对应到桥面铺装结构中，即第i级温度水平下由铺装材料疲劳方程确定的在应变为$\varepsilon_{i,max}$时的室内试验疲劳寿命；

D_i——第i级水平损伤量。

本书采用线弹性理论计算应变。由于桥面铺装服役状态与实验室疲劳试验存在较大差距，一般通过间隔时间修正系数、裂缝扩展时间修正系数、轮迹横向分布修正系数、不利季节修正系数这4个系数进行修正。参照相关文献[16-21]，上述4个系数分别取15、20、

6.25、4。依托工程设计年限内的累计标准轴次为 1.3×10^8 次,修正后对应于室内疲劳试验的加载次数为 17333 次。为了考虑常温 15~25℃之间不同环境温度的影响,计算时划分为 5 个级别的温度区间,见表 3-25,每个温度区间取其温度平均值作为模拟温度场时的外界环境温度。通过调研可知,当地各温度区间的日期占比相似,因此近似认为各温度区间的换算加载次数同为 3467 次。

2. 各方案疲劳寿命验算

各温度区间最大拉应变的计算方法与第 3.2.5 节计算 ε_{max} 的方法相同,各方案疲劳寿命计算见表 3-25。由表 3-25 可以看出:铺装层疲劳寿命由长到短分别为方案 4、2、1、6、3、5。方案 4 和方案 2 完全可以满足高速公路 15 年的寿命要求,方案 1 基本能满足要求,其他方案不满足要求,大约不到 6 年即开始出现疲劳开裂。相对于方案 3,方案 1、2 和 4 的疲劳寿命分别增加 212.9%、377.8% 和 395.9%,表明通过优化铺装结构可以极大地提高抗疲劳性能。

疲劳寿命验算指标计算结果　　　　表 3-25

方案	指标	15~17℃	17~19℃	19~21℃	21~23℃	23~25℃
1	最大拉应变/×10⁻⁴	1.839	1.952	2.154	2.401	2.660
1	疲劳寿命/次	23664	21228	17761	14599	12128
1	各级水平损伤量	0.146	0.163	0.195	0.238	0.285
1	累积损伤量	1.028				
1	疲劳寿命/年	14.6				
2	最大拉应变/×10⁻⁴	1.552	1.641	1.740	1.856	1.962
2	疲劳寿命/次	32155	29063	26138	23266	21047
2	各级水平损伤量	0.107	0.119	0.132	0.149	0.164
2	累积损伤量	0.673				
2	疲劳寿命/年	22.2				
3	最大拉应变/×10⁻⁴	3.901	4.000	4.107	4.269	4.522
3	疲劳寿命/次	6063	5796	5526	5151	4642
3	各级水平损伤量	0.571	0.598	0.627	0.673	0.746
3	累积损伤量	3.217				
3	疲劳寿命/年	4.7				
4	最大拉应变/×10⁻⁴	1.501	1.592	1.700	1.819	1.955
4	疲劳寿命/次	34181	30696	27282	24114	21179
4	各级水平损伤量	0.101	0.112	0.127	0.143	0.163
4	累积损伤量	0.649				
4	疲劳寿命/年	23.1				

续表

方案	指标	15~17℃	17~19℃	19~21℃	21~23℃	23~25℃
5	最大拉应变/×10^{-4}	10.012	10.582	11.258	12.001	12.783
	疲劳寿命/次	1101	996	891	793	708
	各级水平损伤量	3.148	3.480	3.892	4.370	4.899
	累积损伤量	19.790				
	疲劳寿命/年	0.8				
6	最大拉应变/×10^{-4}	3.742	3.767	3.799	3.818	3.964
	疲劳寿命/次	6538	6460	6362	6304	5891
	各级水平损伤量	0.530	0.536	0.544	0.549	0.588
	累积损伤量	2.750				
	疲劳寿命/年	5.5				

对依托工程在通车6年后进行调研时发现，该桥桥面沥青铺装的坑槽病害较严重（见第2章），方案3的计算结果显示从大约第5年起逐渐从最不利位置处开始出现疲劳裂缝，这些疲劳裂缝经受重载与水的循环作用后逐渐形成坑槽，说明铺装结构设计不合理是坑槽病害发生的一个重要原因。对于2cm超薄铺装结构，疲劳寿命不满足要求，而超高的强度及模量要求也需专门的材料开发及应用验证。

3.3.3 铺装结构永久变形量验算

1. 永久变形量计算方法

计算车辙（永久变形量）时应考虑设计年限内的累计标准轴次、材料的黏弹性特征，采用热力耦合分析方法。为缩短有限元分析计算的时间，同时兼顾计算的准确性，学者们普遍采用"以静代动"法对周期荷载进行简化[22,23]。该方法认为，使用多个加载步循环荷载，与使用一个累积加载时间的加载步是等效的。在换算过程中，将每一次加载步的作用时间叠加得到所有加载步的累积加载时间，以累积加载时间作为一个加载步进行加载，由此实现多个加载步循环加载。

依托工程的设计轴载累计作用次数为1.3亿次，通过"以静代动"法转换为静荷载作用时间为1078220s，采用Burgers模型来表征蠕变特性。为提高运算效率，采用上述三类稳态温度场来表征季节更替，考虑到Burgers模型中应变增幅随时间变化而减小，为得到最不利情况，首先导入高温稳态温度场进行顺序热力耦合计算，其次是导入常温稳态温度场，最后导入低温稳态温度场。

2. 永久变形量计算结果

各方案沥青铺装层的永久变形量计算结果如图3-14所示。由图可以看出，铺装层永久变形量由小到大为方案6、1、2、5、3、4，所有方案均满足高速公路永久变形量的要求。

相对于方案 3，方案 5、2、1 和 6 的永久变形量分别减少了 16.4%、33.4%、50.6% 和 50.6%。与沥青路面结构相似，当沥青铺装层厚度相同时，沥青混合料的模量越高，抗车辙能力越强；当沥青混合料模量相同时，沥青铺装层的厚度越薄，抗车辙能力越强。通过调研可知，依托工程桥面铺装的车辙病害数量少、程度轻，结构验算结果表明车辙病害形成的原因并非结构设计不合理所致，可能与桥面铺装材料配比设计及施工变异性有关。

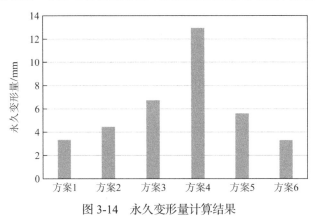

图 3-14　永久变形量计算结果

3.3.4　混凝土桥面沥青铺装结构设计流程

基于前文提出的铺装结构设计指标、力学响应计算方法、结构性能验算方法等内容，参照《公路沥青路面设计规范》JTG D50—2017，总结提出一套高速公路混凝土桥面沥青铺装结构设计方法与流程，具体如下：

1. 参数确定

首先调研当地的交通量与气象资料，得到设计年限内累计标准轴次，以及高温、常温、低温时典型日期的 24h 温度及表面热流；然后由设计资料获取桥梁上部结构设计参数；最后在选定铺装材料后，测试铺装材料必要的力学参数与热物参数，包括沥青混合料的高温抗剪强度、低温劈裂抗拉强度与疲劳方程、防水层高温粘结强度与高温抗剪强度等。

2. 铺装结构拟定

结合各地工程的成熟经验与参数调研及测试情况，初拟多个桥面沥青铺装结构组合方案，建立铺装结构有限元模型，采用本书的计算方法逐个开展各方案的设计指标计算与对比分析。

3. 铺装结构验算

计算初选结构方案的铺装层高温最大剪应力 τ_{max}、铺装层低温最大拉应力 σ_{max}、防水层高温最大剪应力 $\tau_{m,max}$、防水层高温最大竖向拉应力 $\sigma_{m,max}$。计算时采用热力耦合分析方法，首先算出各指标的基准值、动力系数 D 与温变系数 T，然后再对基准值修正。若以上 4 个应力类设计指标小于对应的标准，则继续进行疲劳寿命与永久变形量的验算，否则重新选择铺装结构方案开展计算。基于 Palmgren-miner 准则，通过划分不同的温度区间，分别计算各温度区间铺装层常温最大拉应变 ε_{max}，将其代入疲劳方程得出各区间的疲劳寿命，得出各区间的损伤量并计算结构疲劳寿命;基于"以静代动"简化方法与Burgers模型,计算设计年限内累计永久变形量;若疲劳寿命与永久变形量满足设计要求,则认为该结构方案是可行的,否则重新选择有限元模型开展计算,直至确定2~3个可行方案。

4. 方案对比优选

对通过结构性能验算的可行方案进行技术经济等方面的综合论证,确定桥面铺装结构的最佳方案。设计流程如图3-15所示。

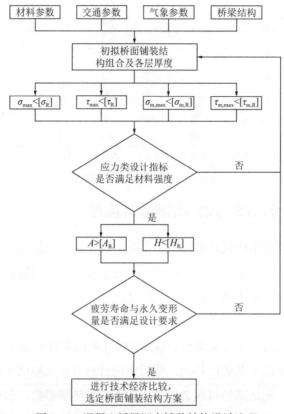

图3-15 混凝土桥梁沥青铺装结构设计流程

依托工程要求在满足结构性能的前提下,尽量降低铺装的成本。按照设计流程给出的推荐方案为:铺装结构层为 5cm + 5cm 双层改性沥青混合料,上下层 20℃时弹性模量为 2700MPa、1560MPa,防水层模量为 150MPa;各层的材料强度标准:$[\tau_R]$ 为 0.62MPa、$[\sigma_R]$ 为 0.64MPa、$[\tau_{m,R}]$ 为 0.287MPa、$[\sigma_{m,R}]$ 为 0.117MPa。

参考文献

[1] 黄晓明. 水泥混凝土桥面沥青铺装层技术研究现状综述[J]. 交通运输工程学报, 2014, 14(1): 1-10.

[2] 汪双杰, 李志栋, 黄晓明. 水泥混凝土桥沥青铺装系设计与铺装技术发展[J]. 筑路机械与施工机械化, 2017, 34(2): 34-41.

[3] 王光谱. 混凝土箱梁桥面铺装力学行为与结构优化设计[D]. 西安: 长安大学, 2016.

[4] 徐世法, 季节, 罗晓辉, 等. 沥青铺装层病害防治与典型实例[M]. 北京: 人民交通出版社, 2005.

[5] 李爱国, 凌俊强, 胡小金, 等. 水泥混凝土桥面沥青铺装病害防治与养护技术[M]. 北京: 人民交通出版社, 2022.

[6] 张海涛, 马盛盛, 于腾江. 不同预测方法的沥青混合料弹性模量对比研究[J]. 重庆交通大学学报(自然科学版), 2018, 37(1): 35-39.

[7] 刘德煊. 高温沥青摊铺下混凝土箱梁桥面温度场及温度效应研究[D]. 南京: 东南大学, 2017.

[8] 李明国. 混凝土梁桥沥青铺装结构分析与材料优化研究[D]. 西安: 长安大学, 2011.

[9] 胡省. 山区弯坡路段水泥混凝土桥面沥青铺装结构分析[D]. 长沙: 长沙理工大学, 2014.

[10] 廖公云, 黄晓明. ABAQUS有限元软件在道路工程中的应用[M]. 南京: 东南大学出版社, 2008.

[11] 徐伟, 郑国梁, 张肖宁. 混凝土桥面沥青铺装层受力敏感性分析[J]. 公路交通科技, 2004(1): 8-11.

[12] 曹卫东, 任宪富, 娄术荣, 等. 混凝土桥面沥青铺装层力学响应计算与分析[J]. 市政技术, 2021, 39(12): 43-50.

[13] 杨坤. 沥青混凝土桥面铺装力学分析与试验研究[D]. 西安: 长安大学, 2015.

[14] 中华人民共和国交通运输部. 公路钢桥面铺装设计与施工技术规范: JTG/T 3364—02—2019[S]. 北京: 人民交通出版社, 2019.

[15] 赵国云, 闫东波, 磨炼同. 基于黏弹性力学分析和线性累积疲劳损伤理论的钢桥面铺装疲劳寿命预估[J]. 公路, 2013(3): 10-15.

[16] RAITHBY K D, STERLING A B. The effect of rest periods on the fatigue performance of a hot-rolled asphalt under reversed axial loading and discussion[C]//Association of Asphalt Paving Technologists Proc. 1970.

[17] 黎晓. 基于疲劳累积损伤的沥青路面使用寿命预估研究[D]. 重庆: 重庆交通大学, 2014.

[18] 许志鸿, 李淑明, 高英, 等. 沥青混合料疲劳性能研究[J]. 交通运输工程学报, 2001(1): 20-24.

[19] 张丽宏, 黄晓明. 沥青混合料疲劳性能研究及寿命预估的新方法[J]. 石油沥青, 2008(5): 63-67.

[20] 董忠红, 吕彭民. 考虑轮迹横向分布的沥青路面疲劳寿命修正系数[J]. 长安大学学报(自然科学版), 2011, 31(6): 21-25.

[21] 王晓强. 基于HVS加速加载柔性基层沥青路面疲劳性能研究[D]. 西安: 西安建筑科技大学, 2018.

[22] HUA J. Finite Element Modeling and Analysis of Accelerated Pavement Testing Devices and Rutting Phenomenon [D]. West Lafayette: Purdue University, 2000.

[23] 杨博. 基于有限元方法的沥青路面车辙影响因素分析及其应用研究[D]. 西安: 长安大学, 2010.

第4章

复合型桥面防水层优化设计与性能

第个某

第 4 章 复合型桥面防水层优化设计与性能

为全面提升桥面防水层的性能，采用复合改性沥青、玻璃纤维、单粒径碎石等材料研发复合型桥面防水层。基于废旧胶粉、SBS 等高聚物开发用于防水层的复合改性沥青，通过正交试验设计、剪切试验与拉拔试验研究复合改性沥青类型、纤维用量、沥青喷涂量与碎石覆盖率对防水层剪切强度与拉拔强度的影响，推荐复合型防水层最优方案，评价复合型防水层优化方案的路用性能。

4.1 复合型桥面防水层结构

本章首先基于高性能改性沥青的界面粘结性能增强与纤维材料的加筋效应，提出一种复合型桥面防水层结构。该结构主要由复合改性沥青、玻璃纤维与单粒径碎石组成，采用纤维碎石同步洒布车进行施工，施工后的防水层主要由热熔复合改性沥青粘结层、纤维增强层、单粒径碎石层构成，结构形式如图 4-1 所示。

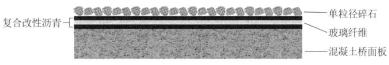

图 4-1　复合型桥面防水层结构示意图

图 4-1 中的复合改性沥青采用胶粉与 SBS 改性剂等材料自主研发，充分发挥两种聚合物的优势，进一步提升改性沥青的高温稳定性、低温抗裂性与粘结性能，降低改性成本；玻璃纤维撒布于两层复合改性沥青之间，起到稳定与加强沥青涂膜黏聚力的作用，进一步提高防水层的抗拉拔、抗剪切与抗疲劳能力，尤其对提高沥青涂层的抗施工损伤、高温抗剪切性能更具效果[1,2]；单粒径碎石的主要功能一是防止沥青铺装层施工时摊铺机等设备黏带复合改性沥青涂层，避免造成损伤渗水；二是通过沥青铺装层摊铺碾压，单粒径碎石上下分别嵌入沥青涂膜与沥青混合料中，增强沥青铺装层与桥面混凝土板的粘结性能，进一步提高两层之间的摩擦力与抗剪强度，有利于提升防水层的综合性能，延长使用寿命。

4.2 防水层复合改性沥青研发

为提高桥面防水层基体涂层沥青的粘结性能、流变特性与性价比，研发以橡胶粉、SBS 改性剂为改性材料的高性能复合改性沥青，推荐综合性能最优的复合改性沥青材料配比。

4.2.1 制备工艺与基本性能

1. 制备工艺

复合改性沥青的原材料包括：基质沥青选用 70 号道路石油沥青，改性剂为废旧轮胎胶粉和苯乙烯-丁二烯-苯乙烯嵌段共聚物（SBS），其中胶粉采用硫化胶粉（VR）和脱硫胶粉

（DR）两种，细度为 40 目，SBS 为线形结构。选用成品 SBS 改性沥青作为对比样，两种沥青材料的基本性能指标见表 4-1。

70 号沥青与 SBS 改性沥青的基本性能　　　　表 4-1

技术指标	70 号沥青	SBS 改性沥青	试验方法	
25℃针入度/0.1mm	60	58	T0604—2011	《公路工程沥青及沥青混合料试验规程》JTG E20—2011
延度/cm	>100（15℃）	30.7（5℃）	T0605—2011	
软化点/℃	45.1	80.2	T0606—2011	
135℃布氏黏度/(Pa·s)	0.52	2.50	T0625—2011	

基于文献调研与已有研究基础，SBS 改性剂的掺量为 1%、2%、3%，两种胶粉的掺量为 12%、15%、18%，均采用外掺法，即占基质沥青的质量分数。设计的复合改性沥青方案见表 4-2[3,4]。

复合改性沥青方案　　　　表 4-2

试验号	胶粉种类	胶粉掺量/%	SBS 掺量/%	沥青种类简称
1	硫化胶粉	12	1	VR12S1
2		12	2	VR12S2
3		12	3	VR12S3
4		15	1	VR15S1
5		15	2	VR15S2
6		15	3	VR15S3
7		18	1	VR18S1
8		18	2	VR18S2
9		18	3	VR18S3
10	脱硫胶粉	12	1	DR12S1
11		12	2	DR12S2
12		12	3	DR12S3
13		15	1	DR15S1
14		15	2	DR15S2
15		15	3	DR15S3
16		18	1	DR18S1
17		18	2	DR18S2
18		18	3	DR18S3

复合改性沥青制备分为改性剂溶胀、高速剪切、后期发育三个阶段，具体工艺流程如下：

（1）改性剂溶胀。将基质沥青在 160~170℃烘箱内加热 1h，称取规定质量的胶粉和 SBS 改性剂放入熔融的沥青充分搅拌，再将沥青放入烘箱恒温发育 1h，期间每隔 15~20min 搅拌一次。

（2）高速剪切。将发育后的沥青进行高速剪切，剪切速度为 5000r/min，剪切时间为 1h，剪切温度 180~190℃。

（3）后期发育。将经高速剪切后的复合改性沥青放置在 170℃烘箱中恒温发育 1h，获得复合改性沥青。

2. 基本性能评价

测试复合改性沥青的基本性能及黏度指标，对比分析各改性沥青的高低温性能与温度敏感性，为优选复合改性沥青种类提供依据。

（1）针入度

试验执行《公路工程沥青及沥青混合料试验规程》JTG E20—2011 中 T0604 试验方法，结果如图 4-2 所示。从图 4-2 可以发现：各复合改性沥青的针入度均小于 70 号沥青和 SBS 改性沥青。随着胶粉掺量的增加，复合改性沥青的针入度呈下降趋势，硫化胶粉复合改性沥青的针入度比脱硫胶粉低 12%以上。相同胶粉掺量下，针入度随 SBS 改性剂掺量的增加而降低，最大降幅近 15%。这是由于胶粉、SBS 改性剂吸附沥青中的轻质组分，发生溶胀反应，在高温高速剪切作用下与沥青形成三维网络结构，限制了沥青流动，导致沥青黏稠度增大，针入度下降，高温稳定性增强。

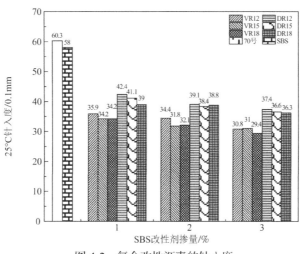

图 4-2 复合改性沥青的针入度

（2）软化点

试验执行《公路工程沥青及沥青混合料试验规程》JTG E20—2011 中 T0606，根据《公路沥青路面施工技术规范》JTG F40—2004 的要求，复合改性沥青的软化点应不小于 65℃，软化点测试结果如图 4-3 所示。从图 4-3 可以发现：各复合改性沥青的软化点均大于 70 号沥青。软化点随 SBS 改性剂掺量的增加而提高，相同掺量下，脱硫胶粉改性效果更佳，软化点接近或超过 SBS 改性沥青，最高可达 90.9℃；当 SBS 改性剂掺量一定时，复合改性沥青的软化点随脱硫胶粉掺量的增加呈先降低后增大的趋势，但增幅较低，脱硫胶粉掺量过多导致溶胀不充分，无法完全发挥改性作用。SBS 改性剂和橡胶粉在高温、高速剪切的共同作用下，吸收了沥青中的轻质油分并发生溶胀，沥青中胶质和沥青质的相对含量增加，软化点增大，高温稳定性提高。

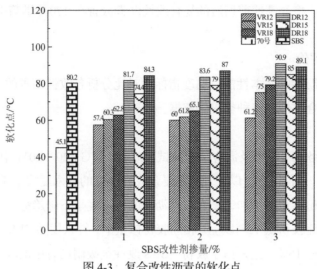

图 4-3　复合改性沥青的软化点

（3）延度

试验执行《公路工程沥青及沥青混合料试验规程》JTG E20—2011 中 T0605，根据《公路沥青路面施工技术规范》JTG F40—2004 要求，复合改性沥青的 5℃延度应不小于 20cm，复合改性沥青的延度值如图 4-4 所示。由图 4-4 可知，各复合改性沥青的延度均大于 70 号沥青，表明 SBS 改性剂和胶粉均可提高沥青的低温抗裂性能。低温条件下基质沥青的延度下降，而复合改性沥青依然具备良好的变形能力，延度最大值 25.8cm。这是由于在外力作用下，SBS 改性剂与沥青形成的网络交联结构可沿力的方向产生形变，同时胶粉的弹性可消散部分应力，提升沥青低温条件下的变形能力。相同掺量下，脱硫胶粉复合改性沥青的延度是硫化胶粉的近 3 倍，改性效果更优，复合改性沥青的延度接近 SBS 改性沥青且满足规范要求。但当改性剂掺量过大时，沥青中过多的轻质组分被吸收，导致沥青变硬，变形能力降低。

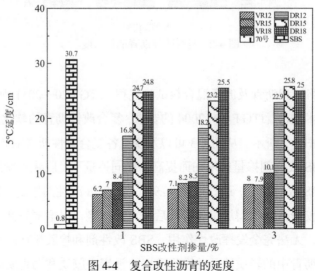

图 4-4　复合改性沥青的延度

（4）布氏黏度

采用布氏黏度评价沥青的工作性能，试验执行《公路工程沥青及沥青混合料试验规程》JTG E20—2011 中 T0625，试验温度 180℃，测试结果如图 4-5 所示。SBS 改性沥青的黏度为 0.28Pa·s，复合改性沥青的黏度普遍大于 SBS 改性沥青，最大黏度值接近 SBS 改性沥青的 10 倍，表明 SBS 改性剂、胶粉均可显著增大沥青的黏度；相同掺量下，硫化胶粉复合改性沥青的黏度高于脱硫胶粉复合改性沥青，且随着掺量增加黏度增幅更大，表明脱硫胶粉复合改性沥青具有较好的施工和易性。

综合上述复合改性沥青高低温性能及工作性能的对比分析，脱硫胶粉的改性效果更优，因此复合改性沥青的改性材料确定为 SBS 改性剂与脱硫胶粉。

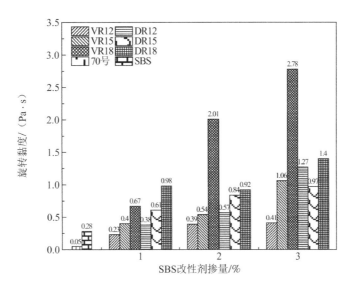

图 4-5　复合改性沥青的旋转黏度

4.2.2　流变性能

1. 高温流变性能

采用动态剪切流变仪（DSR）评价复合改性沥青的高温流变性能，使用温度扫描模式测试，温度为 40～88℃，扫描频率为 10rad/s，试验步骤参照《公路工程沥青及沥青混合料试验规程》JTG E20—2011 中 T0628。

（1）复数剪切模量

复数剪切模量 G^* 测试结果如图 4-6 所示，复合改性沥青的复数剪切模量均大于 70 号沥青，大于或接近 SBS 改性沥青。改性剂的加入导致沥青质和胶质含量增多，内部形成了网络交联结构，因而沥青黏度增大、弹性增强，高温稳定性提高。脱硫胶粉和 SBS 改性剂均可改善沥青的高温稳定性，且 SBS 改性剂的改性效果更明显。

（2）相位角

相位角δ测试结果如图4-7所示，复合改性沥青的相位角远小于70号沥青，这是由于改性沥青的网络交联结构消散了应力并限制了沥青流动，增强了沥青的黏度且脱硫胶粉具有一定的弹性，提高了沥青的抗变形能力。随着温度升高，复合改性沥青的相位角增大，弹性恢复能力下降。与SBS改性沥青相比，复合改性沥青的抗永久变形能力较强；DR18S3与SBS改性沥青的相位角相当。

（3）车辙因子

车辙因子$G^*/\sin\delta$是评价沥青高温性能的重要指标，测试结果见图4-8，复合改性沥青的车辙因子大于70号沥青，大于或接近SBS改性沥青且随着SBS改性剂（或脱硫胶粉）掺量的增加而增大；DR15S2的高温性能与SBS改性沥青相当，DR18S3的高温性能最优。

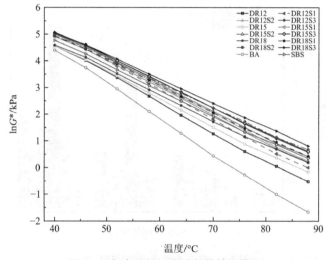

图4-6 复合改性沥青的复数剪切模量

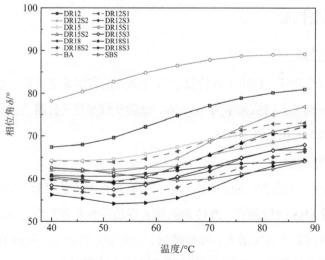

图4-7 复合改性沥青的相位角

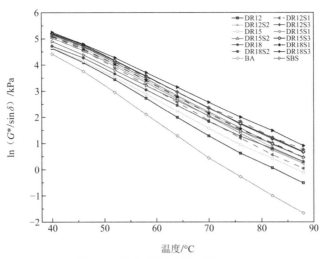

图 4-8 复合改性沥青的车辙因子

（4）高温稳定性

为分析复合改性沥青的高温稳定性，建立车辙因子与温度之间的拟合方程，如式(4-1)所示。

$$\frac{G^*}{\sin\delta} = Ae^{BT} \tag{4-1}$$

式中：$G^*/\sin\delta$——车辙因子，kPa；

T——温度，℃；

A、B——回归系数。

将式(4-1)两边取对数，得到$\ln(G^*/\sin\delta) = \ln A + BT$，令$y = \ln(G^*/\sin\delta)$，$A' = \ln A$，$x = T$，则方程变为$y = A' + Bx$，各沥青的车辙因子与温度的拟合参数与方程见表4-3。方程中B的绝对值越大，表明车辙因子随温度升高的降幅越大，高温稳定性越差。由表4-3中的参数B发现，复合改性沥青的高温稳定性随改性剂掺量的增加而降低，说明SBS改性剂和脱硫胶粉均能改善沥青的高温稳定性。其中，DR12S3、DR15S3、DR18S2、DR18S3这4种复合改性沥青的B值与SBS改性沥青接近，高温稳定性达到SBS改性沥青水平。

车辙因子（$G^*/\sin\delta$）与温度的拟合结果　　　　表 4-3

沥青种类	A'	B	R^2	方程
DR12	9324.6	−0.112	0.9985	$y = 9324.6 - 0.112x$
DR12S1	12826	−0.109	0.9989	$y = 12826 - 0.109x$
DR12S2	11501	−0.104	0.9994	$y = 11501 - 0.104x$
DR12S3	9558.5	−0.098	0.9994	$y = 9558.5 - 0.098x$
DR15	6712.2	−0.103	0.9988	$y = 6712.2 - 0.103x$
DR15S1	10833	−0.104	0.9990	$y = 10833 - 0.104x$

续表

沥青种类	A'	B	R^2	方程
DR15S2	11081	−0.102	0.9991	$y = 11081 - 0.102x$
DR15S3	9865.7	−0.098	0.9993	$y = 9865.7 - 0.098x$
DR18	5313.1	−0.096	0.9985	$y = 5313.1 - 0.096x$
DR18S1	9205.8	−0.100	0.9992	$y = 9205.8 - 0.1x$
DR18S2	7573.6	−0.094	0.9993	$y = 7573.6 - 0.094x$
DR18S3	8253.1	−0.093	0.9996	$y = 8253.1 - 0.093x$
BA	16084	−0.131	0.9988	$y = 16084 - 0.131x$
SBS	5909.4	−0.095	0.9994	$y = 5909.4 - 0.095x$

2. 低温流变性能

采用弯曲梁流变仪（BBR）评价复合改性沥青的低温抗裂性能，试验参照《公路工程沥青及沥青混合料试验规程》JTG E20—2011 中 T0627，温度为−18℃。蠕变劲度S和蠕变速率m值如表4-4所示，计算的m/S值如图4-9所示。指标m/S综合考虑了沥青材料的劲度模量和蠕变速率，可更加全面地评价沥青的低温性能[5]。

弯曲蠕变劲度试验结果 表4-4

沥青种类	平行试验1		平行试验2		平行试验3		平均值	
	S/MPa	m	S/MPa	m	S/MPa	m	S/MPa	m
BA	409	0.297	386	0.300	386	0.297	393.7	0.298
SBS	245	0.344	223	0.336	252	0.323	234.0	0.340
DR12	326	0.286	323	0.289	272	0.289	324.5	0.288
DR15	297	0.277	308	0.277	281	0.289	302.5	0.277
DR18	238	0.284	252	0.282	243	0.282	244.3	0.283
DR12S1	295	0.284	293	0.268	304	0.258	294.0	0.276
DR12S2	286	0.274	282	0.270	295	0.270	287.7	0.271
DR12S3	264	0.257	270	0.259	282	0.264	272.0	0.260
DR15S1	320	0.271	331	0.280	292	0.280	325.5	0.276
DR15S2	297	0.291	301	0.286	302	0.275	299.0	0.289
DR15S3	285	0.276	294	0.272	285	0.267	289.5	0.274
DR18S1	262	0.292	255	0.293	259	0.296	258.7	0.294
DR18S2	247	0.275	236	0.278	209	0.280	241.5	0.277
DR18S3	245	0.261	249	0.256	263	0.258	252.3	0.258

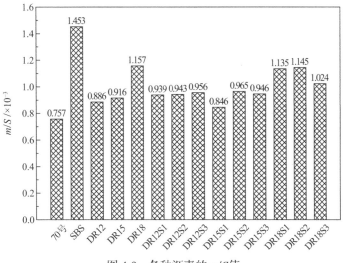

图 4-9　各种沥青的 m/S 值

从图 4-9 可以看出：复合改性沥青的 m/S 值均大于 70 号沥青，说明复合改性沥青的低温性能优于基质沥青；两种改性材料均能改善沥青的低温性能，但掺量过大时，沥青中的胶质、沥青质相对较多，导致沥青低温柔性降低；DR18S1、DR18S32、DR18S3 这 3 种复合改性沥青的低温性能与 SBS 改性沥青接近，其中，DR18S2 的低温性能最好。

4.2.3　粘结性能

1. 试验方法

采用 PosiTest AT-A 拉拔仪定量表征复合改性沥青与混凝土界面之间的粘结强度，设备如图 4-10 所示，拉拔头底部边缘的微小突起用于控制沥青膜厚度[6]。

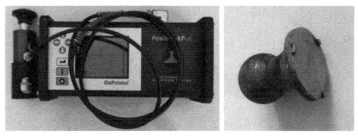

图 4-10　PosiTest AT-A 界面拉拔仪

试验步骤如下：

（1）制备混凝土标准试件，使用角磨机将试件表面打磨平整，再用砂纸将浮浆清洗干净至裸露出清晰的集料界面，然后加热干燥。

（2）将复合改性沥青滴到干燥的混凝土试件表面，立即将拉拔头放置于沥青表面，用力按压使拉拔头的微小凸起与试件表面接触形成厚度均匀且饱满的沥青膜，最后去除边缘多余的沥青，如图 4-11（a）所示。

（3）试件静置 24h 后放入规定的工况养护（20℃干燥、20℃浸水 7d），然后采用拉拔仪测试混凝土-复合改性沥青界面的拉拔力，观察断裂界面状态，如图4-11（b）所示。

(a) 按压后的拉拔头与试件

(b) 拉拔后的断裂界面

图4-11　界面粘结性能试验

2. 结果分析

（1）界面粘结强度

不同工况下的界面粘结强度如图4-12所示。干燥状态下，复合改性沥青的粘结强度均大于70号沥青。浸水7d后，复合改性沥青的粘结强度均大于70号沥青与SBS改性沥青，表明在有水的条件下复合改性沥青具有更强的粘结能力。当脱硫胶粉掺量一定时，复合改性沥青的粘结强度随着SBS改性剂掺量的增加而增大；SBS改性剂掺量一定时，复合改性沥青的粘结强度随着脱硫胶粉掺量的增加呈现先减小后增大的趋势，说明SBS改性剂能有效提升沥青的防水性能，而且脱硫胶粉存在一个最优掺量。

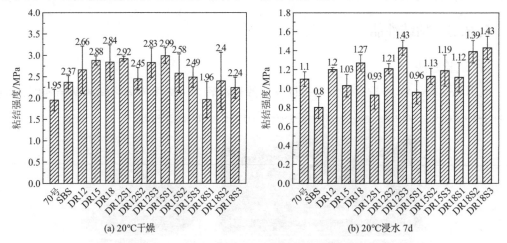

图4-12　不同工况下各复合改性沥青的界面粘结强度

（2）粘结强度残留率

粘结强度残留率为沥青在20℃浸水7d的粘结强度与初始粘结强度之比，该指标表征沥青抗水损坏的程度，数值越大，抗水损坏能力及防水性能越强。计算的粘结强度残留率如图4-13所示，SBS改性沥青的粘结强度残留率为0.336，复合改性沥青的粘结强度残留率均大于或接近SBS改性沥青，最高达到0.637，说明复合改性沥青具有优异的防水及抗水损害性能。这是由于复合改性沥青能有效渗透混凝土试件表层孔隙并形成较高的粘结强度，阻止水分的侵入。其中，DR18S3的抗水损害能力最强，其次为DR18R1、DR18S2。

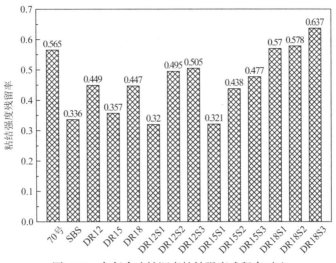

图 4-13 各复合改性沥青粘结强度残留率对比

4.2.4 复合改性沥青优选

基于上述性能的对比分析，选出 5 种性能较好的复合改性沥青，即 DR15S2、DR15S3、DR18S1、DR18S2、DR18S3。其中，DR18S3 高温性能优于 SBS 改性沥青，但低温性能较 DR18S2、DR18S1 稍差；DR18S2 综合性能最优，高温性能较 DR18S3 稍差，但优于 SBS 改性沥青，低温性能最优；DR18S1、DR15S3 的性能也较优。

根据当年的材料单价信息，70 号沥青价格为 4300 元/t，脱硫胶粉 4000 元/t，SBS 改性剂 12000 元/t，成品 SBS 改性沥青中 SBS 改性剂掺量 5%。不考虑复合改性沥青的改性时间、改性方式、改性能效等因素，仅根据材料成本计算出复合改性沥青与基质沥青的相对成本，见表 4-5。

复合改性沥青的成本　　　　表 4-5

沥青种类	价格/(元/t)	相对成本
BA	4300.00	1.000
SBS	4666.66	1.085
DR15S2	4394.70	1.022
DR15S3	4455.22	1.036
DR18S1	4317.60	1.004
DR18S2	4381.58	1.019
DR18S3	4443.88	1.033

由表 4-5 可以发现优选出的 5 种复合改性沥青的材料成本均低于 SBS 改性沥青，在综合考虑性能与成本的基础上，再优选出 3 种具有较高性价比的复合改性沥青作为桥面防水层的基体涂层材料，用于下文防水层方案优化研究，分别为 DR18S2（脱硫胶粉掺量 18%、SBS 改性剂掺量 2%）、DR18S1（脱硫胶粉掺量 18%、SBS 改性剂掺量 1%）、DR15S3（脱硫胶粉掺量 15%、SBS 改性剂掺量 3%）。

4.3 复合型桥面防水层方案设计与优化

以复合改性沥青种类、纤维用量、沥青喷涂量与碎石覆盖率为主要因素,采用正交试验方法设计不同的复合型桥面防水层方案,通过剪切试验与拉拔试验分析不同因素对防水层剪切强度与拉拔强度的影响规律,基于统计分析方法确定防水层最优方案。

4.3.1 材料组成与基本性能

1. 原材料与性能

采用优选出的 DR18S2、DR18S1、DR15S3 作为防水层的基体涂层材料,在基体涂层之前,需要在混凝土桥面喷洒适量的聚合物改性乳化沥青,其常规性能见表 4-6,满足《公路沥青路面施工技术规范》JTG F40—2004 的相关要求。

聚合物改性乳化沥青的常规性能　　　　表 4-6

技术指标		测试结果	规范值	试验方法	
破乳速度		快裂	快裂或中裂	T0658—1993	《公路工程沥青及沥青混合料试验规程》JTG E20—2011
粒子电荷		阳离子(+)	阳离子(+)	T0653—1993	
恩格拉黏度(25℃)		6.3	1~10	T0622—1993	
筛上剩余量(1.18mm 筛)/%		<0.1	≤0.1	T0652—1993	
与集料的黏附性,裹覆面积		>2/3	≥2/3	T0654—2011	
蒸发残留物	残留物含量/%	52	≥50	T0651—1993	
	针入度(25℃)/0.1mm	59	40~120	T0604—2011	
	软化点/℃	53	≥50	T0606—2011	
	延度(5℃)/cm	26	≥20	T0605—2011	

采用玻璃纤维作为增强材料与复合改性沥青同步喷洒,均匀分散后形成紧密交错的网状交联结构,增强防水层的整体稳定性,减少微裂缝的发生和扩展。玻璃纤维的常规性能见表 4-7,满足《玻璃纤维无捻粗纱》GB/T 18369—2008 的相关要求。

玻璃纤维常规性能　　　　表 4-7

技术指标	实测值	规范值	试验方法
线密度/tex	2400±5%	2400±8%	《增强材料 纱线试验方法 第 1 部分:线密度的测定》GB/T 7690.1—2013
含水率/%	0.1	≤0.2	《增强制品 试验方法 第 1 部分:含水率的测定》GB/T 9914.1—2013
分散率/%	≥95%	≥95%	《玻璃纤维无捻粗纱》GB/T 18369—2001 附录 A
硬挺度/mm	140	80~200	《增强材料 纱线试验方法 第 4 部分:硬挺度的测定》GB/T 7690.4—2013
断裂强度/(N/tex)	≥0.23	≥0.23	《增强材料 纱线试验方法 第 3 部分:玻璃纤维断裂强力和断裂伸长的测定》GB/T 7690.3—2013

撒布的单粒径碎石为 3～5mm 玄武岩，其中超粒径颗粒含量不超过 10%，其性能指标见表 4-8，满足《公路沥青路面施工技术规范》JTG F40—2004 相关要求。

3～5mm 玄武岩碎石基本性能 表 4-8

技术指标	实测值	规范值	试验方法
压碎值/%	14.2	≤26	T0316—2005
洛杉矶磨耗值/%	13.5	≤28	T0317—2005
表观相对密度	2.773	≥2.6	T0304—2005
吸水率/%	0.88	≤2.0	T0304—2005
磨光值	51.5	≥42	T0321—2005
坚固性/%	7.0	≤12	T0314—2000
针片状含量/%	7.2	≤12	T0312—2005

注：试验方法依据《公路工程集料试验规程》JTG E42—2005。

桥面铺装沥青混合料采用 SMA13，按照《公路沥青路面施工技术规范》JTG F40—2004 进行配比设计，最佳油石比为 6.3%，沥青混合料级配见表 4-9。

沥青混合料级配设计 表 4-9

矿料规格/mm	10～13.2	5～10	3～5	0～3	矿粉
级配用量/%	41.0	33.0	4.0	12.0	10.0

2. 碎石撒布量

提出一种碎石覆盖率的计算方法，建立碎石覆盖率与碎石撒布量的关系，以便控制防水层现场施工质量。

1）碎石覆盖率与撒布量的定义

碎石覆盖率即在规定面积内均匀撒布碎石，各碎石嵌入沥青中的最大水平投影面积之和与规定面积的比值。碎石撒布量是指在单位面积内均匀撒布的碎石重量。

2）室内测试方法

采用面积控制法进行室内碎石撒布测试，采用车辙板表面尺寸（$30cm \times 30cm, 900cm^2$）作为碎石覆盖率 100% 的覆盖面积，通过控制满铺面积建立碎石覆盖率与碎石撒布量之间的关系。满铺状态为在规定面积内撒布过量碎石，然后除去未被沥青粘住的碎石后，剩余碎石的最大数量。具体试验步骤如下：

（1）将卡纸按规定面积进行裁剪（碎石覆盖率 100%、80%、70%、60%、50% 对应的满铺面积分别为 $900cm^2$、$720cm^2$、$630cm^2$、$540cm^2$、$450cm^2$）。

（2）在裁剪好的卡纸表面均匀涂抹一层热沥青，迅速称重，记录卡纸与沥青的总重 m_1。

（3）趁热迅速撒布过量的碎石，放置冷却后，去除表面未被沥青粘住的碎石（图 4-14），再次称重，记录卡纸、沥青与碎石的总重 m_2。

图 4-14 碎石撒布试验

（4）用 m_2 减去 m_1，即可得到碎石撒布质量。

不同碎石覆盖率对应的碎石撒布量如表 4-10 所示，并对结果进行回归分析。

不同碎石覆盖率的碎石撒布量　　　　表 4-10

碎石覆盖率/%	碎石撒布量/g			
	平行试验1	平行试验2	平行试验3	平均值
100	443	429	442	438
80	358	364	349	357
70	314	302	305	307
60	266	254	260	260
50	217	225	215	219

建立的回归方程见式(4-2)，相关系数为 0.999。

$$y = 0.225x + 0.85424 \tag{4-2}$$

式中：x——碎石撒布质量，g；

y——碎石覆盖率，%。

现场施工或试验时可依据该方程预估目标覆盖率对应的碎石撒布量，进而控制现场施工质量。若实际工程采用的碎石种类及级配改变，则需参照该方法重新建立回归方程。

4.3.2　方案设计与试验方法

1. 方案设计

复合型桥面防水层分为 4 层结构：乳化沥青涂层 + 玻璃纤维撒布 + 复合改性沥青涂层 + 碎石撒布。根据防水层的材料组成及工艺，采用正交试验方法设计不同的防水层方案，确定了影响性能的 4 个主要因素：复合改性沥青类型（A）、纤维用量（B）、沥青喷涂量（C）与碎石覆盖率（D），每个因素取 3 个水平，采用四因素三水平正交表 $L_9(3^4)$ 安排试验方案，因素水平表及试验方案见表 4-11、表 4-12。

因素水平表　　　　表 4-11

水平	因素 A	因素 B/(kg/m^2)	因素 C/(kg/m^2)	因素 D/%
1	DR15S3	0.10	2.0	40
2	DR18S1	0.15	2.5	60
3	DR18S2	0.20	3.0	80

试验方案　　　　表 4-12

试验号	因素 A	因素 B	因素 C	因素 D	试验方案
1	1	1	1	1	$A_1B_1C_1D_1$
2	1	2	2	2	$A_1B_2C_2D_2$
3	1	3	3	3	$A_1B_3C_3D_3$

续表

试验号	因素 A	因素 B	因素 C	因素 D	试验方案
4	2	1	2	3	$A_2B_1C_2D_3$
5	2	2	3	1	$A_2B_2C_3D_1$
6	2	3	1	2	$A_2B_3C_1D_2$
7	3	1	3	2	$A_3B_1C_3D_2$
8	3	2	1	3	$A_3B_2C_1D_3$
9	3	3	2	1	$A_3B_3C_2D_1$

2. 试件制备

为模拟复合型桥面防水层的实际工况,在实验室成型"水泥混凝土板-防水层-沥青铺装层"复合结构。水泥混凝土设计强度采用 C50,选用 42.5 强度等级的水泥,按照《普通混凝土配合比设计规程》JGJ 55—2011 确定配合比;沥青混合料采用 SMA13,按照《公路沥青路面施工技术规范》JTG F40—2004 进行配合比设计,最佳油石比为 6.3%。试件制备及试验流程如图 4-15 所示,主要包括混凝土板制备、混凝土板表面处理、改性乳化沥青底涂、纤维撒布、复合改性沥青撒布、碎石撒布与沥青铺装层碾压等环节,复合结构试件尺寸为 30cm×30cm×10cm,待试件冷却 48h 后,切割成 9 个 10cm×10cm×10cm 尺寸的试样待用。

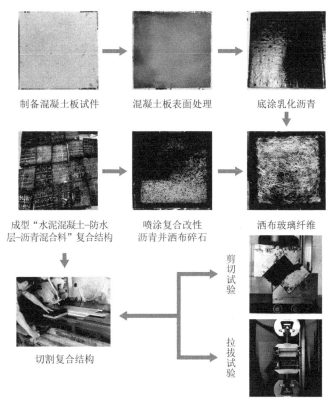

图 4-15 试件制备及试验流程

3. 测试方法

参照桥面防水材料力学性能评价相关试验方法与规程，对复合试件进行不同工况下的剪切试验和拉拔试验，根据测试结果综合分析确定最优工艺参数。

（1）剪切试验

剪切破坏是水泥混凝土桥面沥青铺装层损坏的主要原因，是桥面防水层设计的主要控制指标。采用45°斜剪试验测试防水层的抗剪强度，执行《道桥用防水涂料》JC/T 975—2005 第6.17节试验方法，测试条件为20℃、50℃干燥，20℃浸水7d。

（2）拉拔试验

桥面防水层可有效连接沥青混合料铺装与水泥混凝土桥面，提高各结构层的稳定性，改善其受力情况。采用拉拔试验测定防水层的拉拔强度，执行《道桥用防水涂料》JC/T 975—2005 第6.18节试验方法，测试温度为20℃、50℃。

4.3.3 抗剪强度

不同工况下的抗剪强度如表4-13所示。

不同工况下的剪切试验结果（单位：MPa）　　　　表4-13

试验号		1	2	3	4	5	6	7	8	9
20℃	平行试验1	0.602	0.803	0.752	0.810	0.603	0.621	0.772	0.737	0.668
	平行试验2	0.681	0.850	0.818	0.766	0.694	0.738	0.824	0.816	0.745
	平行试验3	0.644	0.810	0.764	0.823	0.630	0.696	0.778	0.734	0.670
	平均值	0.642	0.821	0.778	0.800	0.643	0.685	0.791	0.762	0.694
	标准差	0.040	0.026	0.035	0.029	0.047	0.059	0.028	0.046	0.044
50℃	平行试验1	0.071	0.130	0.144	0.104	0.080	0.120	0.111	0.152	0.109
	平行试验2	0.079	0.127	0.116	0.134	0.098	0.124	0.083	0.129	0.112
	平行试验3	0.094	0.150	0.126	0.127	0.104	0.112	0.126	0.140	0.088
	平均值	0.081	0.136	0.129	0.122	0.094	0.118	0.107	0.140	0.103
	标准差	0.012	0.012	0.014	0.016	0.012	0.006	0.022	0.011	0.013
20℃浸水7d	平行试验1	0.634	0.702	0.820	0.786	0.595	0.610	0.699	0.937	0.789
	平行试验2	0.734	0.759	0.788	0.757	0.609	0.600	0.631	0.799	0.610
	平行试验3	0.691	0.782	0.849	0.815	0.695	0.610	0.640	0.951	0.642
	平均值	0.686	0.748	0.819	0.786	0.633	0.607	0.657	0.896	0.680
	标准差	0.050	0.041	0.030	0.029	0.054	0.006	0.037	0.084	0.096

对不同工况下的试验结果进行极差分析，结果见表4-14。

剪切试验极差分析（单位：MPa）　　　表4-14

工况		A	B	C	D
20℃	K_1	2.241	2.233	2.090	1.979
	K_2	2.127	2.226	2.315	2.297
	K_3	2.248	2.157	2.212	2.340
	k_1	0.747	0.744	0.697	0.660
	k_2	0.709	0.742	0.772	0.766
	k_3	0.749	0.719	0.737	0.780
	极差R	0.121	0.076	0.225	0.360
	因素主次	D C A B			
	优方案	$A_3 B_1 C_2 D_3$			
20℃浸水7d	K_1	2.252	2.128	2.188	1.999
	K_2	2.026	2.277	2.214	2.011
	K_3	2.233	2.106	2.109	2.500
	k_1	0.751	0.709	0.729	0.666
	k_2	0.675	0.759	0.738	0.670
	k_3	0.744	0.702	0.703	0.833
	极差R	0.227	0.171	0.105	0.501
	因素主次	D A B C			
	优方案	$A_1 B_2 C_2 D_3$			
50℃	K_1	0.345	0.310	0.340	0.278
	K_2	0.334	0.370	0.360	0.361
	K_3	0.350	0.350	0.330	0.391
	k_1	0.115	0.103	0.113	0.093
	k_2	0.111	0.123	0.120	0.120
	k_3	0.117	0.117	0.110	0.130
	极差R	0.016	0.060	0.031	0.113
	因素主次	D B C A			
	优方案	$A_3 B_2 C_2 D_3$			

以因素水平为横坐标，试验指标的平均值k_i为纵坐标，绘制因素与指标的趋势图，见图4-16。

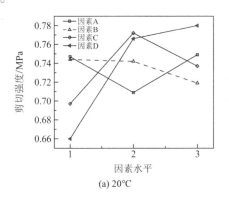

(a) 20℃

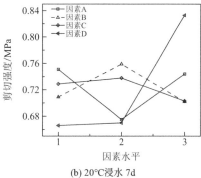

(b) 20℃浸水7d

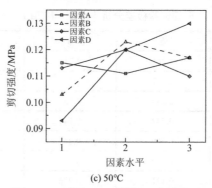

(c) 50℃

图 4-16 不同工况下剪切强度趋势图

采用方差分析对各因素进行显著性评价，显著性水平取 $\alpha = 0.05$，不同工况的方差分析结果见表 4-15～表 4-17。

20℃剪切试验方差分析 表 4-15

因素	离差平方和	自由度	平均离差平方和	统计量F	统计量F的临界值F_α	显著性
A	0.00926	2	0.00463	2.81	$F_{0.05}(2,18) = 3.55$	
B	0.00353	2	0.00176	1.07		
C	0.02544	2	0.01272	7.73		显著
D	0.07755	2	0.03878	23.56		显著
误差e	0.02963	18				
总和	0.14540	26				

20℃浸水 7d 剪切试验方差分析 表 4-16

因素	离差平方和	自由度	平均离差平方和	统计量F	统计量F的临界值F_α	显著性
A	0.03159	2	0.01580	5.35	$F_{0.05}(2,18) = 3.55$	显著
B	0.01719	2	0.00860	2.91		
C	0.00604	2	0.00302	1.02		
D	0.16356	2	0.08178	27.72		显著
误差e	0.05310	18				
总和	0.27149	26				

50℃剪切试验方差分析 表 4-17

因素	离差平方和	自由度	平均离差平方和	统计量F	统计量F的临界值F_α	显著性
A	0.00013	2	0.00007	0.36	$F_{0.05}(2,18) = 3.55$	
B	0.00185	2	0.00092	4.88		显著
C	0.00048	2	0.00024	1.28		
D	0.00681	2	0.00341	18.00		显著
误差e	0.00341	18				
总和	0.01268	26				

由上述试验及方差分析结果可以发现:

(1)因素 D(碎石覆盖率)是影响防水层剪切强度的最显著因素,这是因为单粒径碎石上下嵌入到沥青涂膜和沥青混合料中,起到有效粘结防水层和沥青混合料的作用,防止防水层和沥青铺装层产生滑动。由图 4-16 发现,剪切强度随碎石覆盖率增大而增大,说明较高的碎石覆盖率有利于发挥碎石的连接作用,提高剪切强度。为进一步研究高碎石覆盖率对剪切强度的影响,将表 4-12 中试验方案 3、4、8 的碎石撒布率 80%(因素 D,水平 3)替换为 100%,重新进行不同工况下的剪切试验,结果如表 4-18 所示。由表 4-18 可知,碎石覆盖率为 100% 的 3、4、8 号方案在不同工况下(20℃、50℃、20℃浸水 7d)的剪切强度比原方案显著降低。这表明过高的碎石覆盖率导致碎石与防水层粘结不充分,致使防水层和沥青混合料层间产生滑动,剪切强度降低,当碎石覆盖率为 80% 时剪切强度最高,因此,因素 D 的最优水平为 80%。

碎石覆盖率为 100% 的剪切强度(单位:MPa)　　表 4-18

试验号		1	2	3	均值
工况	20℃	0.634	0.698	0.629	0.654
	50℃	0.106	0.103	0.117	0.109
	20℃浸水 7d	0.709	0.683	0.801	0.731

(2)在 20℃下,因素 C(沥青涂量)是影响防水层抗剪强度的显著因素,这是因为常温下防水层的抗剪切能力与复合改性沥青的涂量(膜厚)有关。如图 4-16(a)所示,剪切强度随沥青涂量的增加呈先增大后减小的趋势,表明沥青涂量增多能有效提高防水层的抗剪切能力,但过多的沥青涂量会产生富余的自由沥青,导致剪切强度降低,因素 C 取 2.5kg/m^2 为最佳水平。

(3)在 20℃浸水 7d 的条件下,因素 A(复合改性沥青类型)是影响防水层剪切强度的显著因素,浸水后水分会渗入水泥混凝土板及沥青混合料的孔隙,直达防水层界面,导致复合改性沥青层产生水损坏,防水层抗剪强度降低。如图 4-16(b)所示,DR15S3、DR18S2 的抗水损害能力优于 DR18S1,分别提高了 11% 和 10%,但 DR15S3、DR18S2 的抗剪强度相差不大。DR18S2 的材料成本比 DR15S3 低 2%,性价比更高,选取 DR18S2 作为复合改性沥青类型的最佳水平。

(4)在 50℃下,因素 B(纤维用量)是影响防水层剪切强度的显著因素,这是因为在高温下复合改性沥青层受热变软,抗剪切能力下降,纤维的加筋作用可有效阻止防水层剪切破坏。从图 4-16(c)可以看到,随着纤维用量的增大,防水层的剪切强度出现先增大后减小的趋势,表明适量玻璃纤维形成的网络交联结构有利于提高试件的抗剪切能力,而过多的玻璃纤维会出现结团导致黏聚力降低,抗剪切能力下降,因素 B 选取 0.15kg/m^2 为最佳水平。

4.3.4 抗拉强度

不同工况下的抗拉强度见表 4-19。

不同工况下的拉拔试验结果（单位：MPa）　　　　表 4-19

	试验号	1	2	3	4	5	6	7	8	9
20℃	平行试验 1	0.380	0.427	0.386	0.487	0.469	0.479	0.460	0.443	0.515
	平行试验 2	0.486	0.461	0.407	0.503	0.456	0.500	0.439	0.473	0.550
	平行试验 3	0.444	0.435	0.419	0.447	0.425	0.531	0.414	0.479	0.535
	平均值	0.437	0.441	0.404	0.479	0.450	0.503	0.438	0.465	0.533
	标准差	0.054	0.018	0.017	0.029	0.023	0.026	0.023	0.020	0.017
50℃	平行试验 1	0.044	0.059	0.066	0.076	0.053	0.083	0.060	0.092	0.079
	平行试验 2	0.065	0.062	0.053	0.065	0.067	0.075	0.071	0.084	0.068
	平行试验 3	0.057	0.078	0.045	0.089	0.066	0.066	0.051	0.079	0.087
	平均值	0.055	0.067	0.055	0.077	0.062	0.075	0.061	0.085	0.078
	标准差	0.011	0.010	0.010	0.012	0.008	0.009	0.010	0.006	0.009

对拉拔强度试验结果进行极差分析，结果见表 4-20。

拉拔试验结果极差分析（单位：MPa）　　　　表 4-20

工况		A	B	C	D
20℃	K_1	1.281	1.353	1.405	1.422
	K_2	1.432	1.356	1.456	1.382
	K_3	1.438	1.443	1.291	1.348
	k_1	0.427	0.451	0.468	0.474
	k_2	0.477	0.452	0.485	0.461
	k_3	0.479	0.481	0.430	0.449
	极差 R	0.157	0.089	0.165	0.074
	因素主次	C A B D			
	优方案	$A_3 B_3 C_2 D_1$			
50℃	K_1	0.177	0.193	0.215	0.195
	K_2	0.214	0.214	0.221	0.202
	K_3	0.223	0.208	0.178	0.217
	k_1	0.059	0.064	0.072	0.065
	k_2	0.071	0.071	0.074	0.067
	k_3	0.074	0.069	0.059	0.072
	极差 R	0.047	0.020	0.044	0.021
	因素主次	A C D B			

不同工况下的抗拉强度趋势见图 4-17，采用方差分析对各因素进行显著性计算，显著性水平取 $\alpha = 0.05$，$F_{0.05}(2,18) = 3.55$，不同工况的方差分析结果见表 4-21、表 4-22。分析发现，因素 A（复合改性沥青类型）、因素 C（沥青涂量）是影响防水层拉拔强度的显著因素。由图 4-17 发现，无论常温 20℃还是高温 50℃，因素 A 取 A_3 时拉拔强度最高，故选取 R18S2 作为因素 A 的最优水平。拉拔强度随因素 C 的增大呈现先增大后减小的趋势，表明沥青涂量并不是越多越好，涂量过多导致沥青膜厚增加，产生的自由沥青导致拉拔强度降低，因此选取 $2.5 kg/m^2$ 作为因素 C 的最优水平。

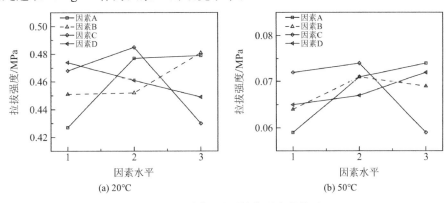

图 4-17　不同工况下拉拔强度趋势图

20℃拉拔试验结果方差分析　　　　　　　　　　　　　　　　　表 4-21

因素	离差平方和	自由度	平均离差平方和	统计量 F	统计量 F 的临界值 F_α	显著性
A	0.01558	2	0.00118	10.42	$F_{0.05}(2,18) = 3.55$	显著
B	0.00491	2	0.00285	3.29		
C	0.01392	2	0.00220	9.31		显著
D	0.00257	2	0.02769	1.72		
误差 e	0.01346	18				
总和	0.05044	26				

50℃拉拔试验结果方差分析　　　　　　　　　　　　　　　　　表 4-22

因素	离差平方和	自由度	平均离差平方和	统计量 F	统计量 F 的临界值 F_α	显著性
A	0.00123	2	0.00062	6.57	$F_{0.05}(2,18) = 3.55$	显著
B	0.00022	2	0.00011	1.18		
C	0.00113	2	0.00056	6.01		显著
D	0.00024	2	0.00012	1.26		
误差 e	0.00169	18				
总和	0.00450	26				

综合考虑防水层的抗剪切能力、抗拉拔能力确定最优方案（工艺参数）。基于上述的剪切与拉拔试验结果与分析，防水层在因素 A 选取 A_1 和 A_3 时的剪切强度差别不大，但 A_3

的拉拔强度远大于 A_1，因此，因素 A 的最优水平最终确定为 R18S2；纤维用量的最优水平最终确定为 $0.15kg/m^2$；沥青涂量在剪切试验和拉拔试验中的最优水平皆为 $2.5kg/m^2$；碎石覆盖率的最优水平确定为 80%，即最优方案为 $A_3B_2C_2D_3$。

4.4 复合型桥面防水层性能评价

4.4.1 力学性能

剪切破坏是沥青混合料铺装层损坏的主要原因，桥面防水层设计时应将其作为主要控制指标；而反映层间稳定性的粘结强度也是一个重要指标，需要对两者进行综合评价。按照上述确定的最优方案制备复合型防水层试件，并将常用的 SBS 改性沥青碎石防水层作为对照组进行剪切与拉拔试验，试验结果见表 4-23，同时将《道桥用防水涂料》JC/T 975—2005 中的规范值列入表中作对比。

采用格拉布斯法对试验数据进行检验，检出水平为 0.01，置信概率为 0.99，G99(3) = 1.155，试验结果均满足格拉布斯检验法的要求，不需要对数据进行剔除。

剪切、拉拔试验结果　　　　表 4-23

试验样品		剪切强度/MPa				拉拔强度/MPa		
		20℃	45℃	50℃	20℃浸水 7d	20℃	45℃	50℃
复合型桥面防水层	平行试验 1	1.337	0.335	0.158	0.831	0.439	0.135	0.072
	平行试验 2	1.243	0.383	0.194	1.005	0.574	0.168	0.047
	平行试验 3	1.218	0.362	0.179	0.870	0.511	0.126	0.085
	平均值	1.266	0.360	0.177	0.902	0.508	0.143	0.068
	标准差	0.063	0.024	0.018	0.091	0.068	0.022	0.019
SBS 改性沥青碎石防水层	平行试验 1	0.595	0.323	0.118	0.644	0.406	0.132	0.053
	平行试验 2	0.603	0.265	0.150	0.518	0.529	0.135	0.055
	平行试验 3	0.725	0.306	0.128	0.527	0.370	0.108	0.072
	平均值	0.641	0.298	0.132	0.563	0.435	0.125	0.060
	标准差	0.073	0.044	0.016	0.070	0.083	0.015	0.010
规范值		—	—	≥0.150	—	—	—	≥0.050
模拟值		—	≥0.287	—	—	—	≥0.117	—

由表 4-23 可知，不同工况下复合型桥面防水层的剪切强度和拉拔强度不仅满足规范值的要求，而且显著高于 SBS 改性沥青碎石防水层。20℃的剪切强度和拉拔强度分别提升了 98%和 17%，45℃下分别提升了 21%和 14%，50℃下分别提升了 34%和 13%，20℃浸水 7d 的剪切强度提升了 60%。这说明复合型桥面防水层能更好地适应桥面铺装结构，提高界面的剪切强度与拉拔强度，同时玻璃纤维改善了防水层的抗施工损伤能力，复合型桥面防水

层的力学性能优于常规桥面防水层。

4.4.2 抗渗性能

就桥面防水层的工作特性而言，防水层的抗渗性应该指的是沥青铺装层在摊铺和碾压后防水层仍保持不透水的能力。采用 YT1203 型防水材料不透水仪进行抗渗试验，试验压力 0.1MPa，试验步骤执行《建筑防水涂料试验方法》GB/T 16777—2008 中第 15.2 节试验方法，试验装置见图 4-18，试验结果见表 4-24。

图 4-18　防水层抗渗试验

防水层抗渗性能试验结果　　　　　　　　　　表 4-24

防水层类型	试验结果
复合型桥面防水层	30min 内无水分渗出
SBS 改性沥青碎石防水层	30min 内有少量水分渗出表面

由表 4-24，复合型桥面防水层的抗渗性能优于 SBS 改性沥青碎石防水层。玻璃纤维构成的网络交联结构可有效阻止防水层被沥青混合料的棱角刺破穿透，并且复合改性沥青比 SBS 改性沥青黏度大，防水性能、抗水损害能力强，更能有效阻止水分的渗入。而且 SBS 改性沥青碎石防水层只有单层结构，若被热沥青混合料刺破后将会丧失不透水性能。因此，复合型桥面防水层的抗渗性能比 SBS 改性沥青碎石防水层更优异。

4.4.3 疲劳性能

桥面防水层的抗疲劳性能是指在荷载的反复作用下，防水层抵抗其本身强度与性能衰减的能力，主要通过疲劳寿命定量描述[7]。

1. 试验方法

根据线弹性断裂力学，反射裂缝的扩展形式包括拉裂（Ⅰ型）、剪裂（Ⅱ型）、撕裂（Ⅲ型）三种。在交通荷载的影响下，桥面铺装层一般会产生拉裂型、剪裂型裂缝。其中，拉裂型裂缝最危险、危害最严重、容易导致结构失稳。疲劳试验中分别考虑了荷载位于裂缝正上方和单侧的情况，模拟桥面防水层在Ⅰ、Ⅱ型裂缝方式下的疲劳性能，荷载加载示意图见图4-19。

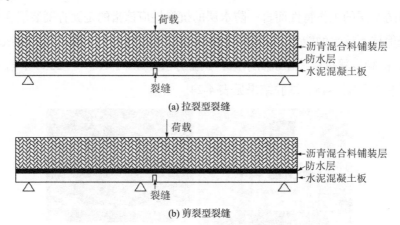

图4-19 模拟不同类型裂缝疲劳试验加载示意图

试验设备为UTM-100多功能材料试验机，采用三分点加载模式，试验温度15℃，加载频率10Hz，加载波形为正弦波，采用应力控制模式，以沥青混合料铺装层发生开裂作为复合结构试件疲劳破坏的判断依据。试验步骤参考《公路工程沥青及沥青混合料试验规程》JTG E20—2011中的T 0739—2011。

2. 试件制备

疲劳试验复合结构试件制备步骤如下：

（1）使用尺寸为30cm×30cm×5cm的车辙板模具制备混凝土板，标准养护28d；

（2）养护结束后，在混凝土板中间切割深2.5cm、宽0.5cm的预设裂缝；

（3）在水泥混凝土板上铺设防水层、沥青混合料铺装层，制作成复合结构试件，尺寸为30cm×30cm×10cm；

（4）将复合试件冷却并拆模，切割成尺寸为30cm×10cm×10cm的小梁试样。

3. 结果与分析

对小梁试件在15℃条件下进行破坏试验，获得极限破坏应力，如表4-25所示。根据破坏应力与应力比（分别采用0.3、0.4、0.5），计算出疲劳试验时的加载应力。

两种防水层的极限破坏应力　　　　　表4-25

防水层类型	裂缝类型	极限破坏应力/MPa			
		平行试验1	平行试验2	平行试验3	均值
复合型桥面防水层	Ⅰ型	3.792	3.960	4.005	3.919
	Ⅱ型	4.405	4.251	4.277	4.311
SBS改性沥青碎石防水层	Ⅰ型	3.433	3.596	3.429	3.486
	Ⅱ型	3.629	3.879	3.667	3.725

不同裂缝类型的两种防水层疲劳寿命见表 4-26，对疲劳寿命取对数，得到应力比与疲劳寿命的关系曲线，如图 4-20 所示。对试验结果的离散程度进行验算，见表 4-27，当有效件数 $n = 3$ 时，临界值 $k = 1.15$，各组试件平行试验测定值与平均值差绝对值均小于标准差的 k 倍，说明试验数据离散程度小。

两种防水层Ⅰ型、Ⅱ型疲劳的疲劳寿命　　　　表 4-26

防水层类型	裂缝类型	应力比（σ/s）	加载应力/MPa	疲劳寿命 N_f/次				
				试验 1	试验 2	试验 3	均值	降幅
复合型防水层	Ⅰ型	0.3	1.176	1027	985	1306	1106	—
		0.4	1.568	1042	937	896	958	13%
		0.5	1.960	909	769	740	806	16%
	Ⅱ型	0.3	1.293	1356	1083	1485	1308	—
		0.4	1.724	1064	1206	1098	1123	14%
		0.5	2.156	1074	890	772	912	19%
SBS 改性沥青碎石防水层	Ⅰ型	0.3	1.046	795	939	843	859	—
		0.4	1.394	594	704	826	708	18%
		0.5	1.743	527	618	544	563	20%
	Ⅱ型	0.3	1.118	1021	1134	1064	1073	—
		0.4	1.490	977	792	853	874	19%
		0.5	1.863	739	718	599	685	22%

两种防水层Ⅰ型、Ⅱ型疲劳试验疲劳寿命离散程度验算　　　　表 4-27

防水层类型	裂缝类型	应力比（σ/s）	测定值与平均值之差绝对值			标准差	k 倍标准差
			试验 1	试验 2	试验 3		
复合型防水层	Ⅰ型	0.3	79	121	200	174.47	201
		0.4	84	21	62	75.30	87
		0.5	103	37	66	90.37	104
	Ⅱ型	0.3	48	225	177	205.25	236
		0.4	59	83	25	74.14	85
		0.5	162	22	140	152.20	175
SBS 改性沥青碎石防水层	Ⅰ型	0.3	64	80	16	73.32	84
		0.4	114	4	118	116.05	133
		0.5	36	55	19	48.38	56
	Ⅱ型	0.3	52	61	9	57.04	66
		0.4	103	82	21	94.27	108
		0.5	54	33	86	75.50	87

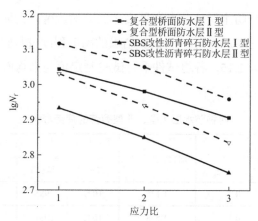

图 4-20 不同类型裂缝下防水层的应力比与疲劳寿命关系曲线

由图 4-20 可知，两种防水层的疲劳寿命随着应力比的增大呈线性减小，说明荷载越大对防水层疲劳寿命影响越大。其中，复合型桥面防水层的降幅（斜率）小于 SBS 改性沥青碎石防水层，说明在玻璃纤维和复合改性沥青的共同作用下可有效减缓裂缝的发生及扩展。Ⅱ型裂缝下两种防水层的疲劳寿命大于Ⅰ型裂缝，说明拉裂型裂缝更容易引发防水层的疲劳破坏。相比于 SBS 改性沥青碎石防水层，复合型桥面防水层Ⅰ型裂缝的疲劳寿命分别提高了 29%、35%、42%；Ⅱ型裂缝的疲劳寿命分别提高了 22%、28%、33%。

根据疲劳试验结果，建立各防水层的疲劳寿命方程，见式(4-3)。

$$\lg N_f = k(\sigma/s) + b \tag{4-3}$$

式中：k——疲劳方程斜率，表明疲劳寿命受应力比的影响程度；

b——拟合直线的截距，其值越大表明复合结构的耐久性越好。

经回归分析得到的疲劳方程如表 4-28 所示，复合型桥面防水层在不同裂缝类型下的疲劳寿命均优于 SBS 改性沥青碎石防水层。

防水层应力比与疲劳寿命的回归分析　　　表 4-28

防水层种类	裂缝类型	疲劳方程	R^2
复合型防水层	Ⅰ型	$\lg N_f = -0.0687(\sigma/s) + 3.1146$	0.997
	Ⅱ型	$\lg N_f = -0.0783(\sigma/s) + 3.1989$	0.992
SBS 改性沥青碎石防水层	Ⅰ型	$\lg N_f = -0.0917(\sigma/s) + 3.0283$	0.998
	Ⅱ型	$\lg N_f = -0.0975(\sigma/s) + 3.1308$	0.998

4.5 本章小结

本章提出了复合型桥面防水层设计方案，研发了用于基体涂层的复合改性沥青，确定了复合型桥面防水层的材料组成与最优方案，并评价了复合型桥面防水层的综合性能，得到主要结论如下：

（1）复合型桥面防水层由玻璃纤维、复合改性沥青、单粒径碎石组成。玻璃纤维提高防水层的抗剪切、抗拉拔与抗施工损伤能力，复合改性沥青综合性价比突出，单粒径碎石起到抗施工损伤和提高层间摩擦力的作用。

（2）推荐采用脱硫胶粉、SBS改性剂作为复合改性沥青的改性材料。基于复合改性沥青的性能与成本分析，优选了DR18S2（脱硫胶粉掺量18%、SBS改性剂掺量2%）、DR18S1（脱硫胶粉掺量18%、SBS改性剂掺量1%）、DR15S3（脱硫胶粉掺量15%、SBS改性剂掺量3%）三种复合改性沥青。

（3）通过优化设计和性能试验确定了复合型桥面防水层的最优方案，即复合改性沥青为R18S2，纤维洒布量0.15kg/m^2，沥青涂量2.5kg/m^2，碎石覆盖率80%。

（4）复合型桥面防水层与常用的SBS改性沥青碎石防水层均满足规范及铺装结构设计要求，但前者在抗剪强度、抗拉强度、抗渗性与抗疲劳性能等方面更具优势，能够全面提升防水层的性能，延长使用寿命。

参考文献

[1] 刘向杰. 玄武岩纤维沥青混合料路用性能研究[J]. 中外公路, 2018, 38(5): 242-245.

[2] 曾梦澜, 彭珊, 黄海龙. 纤维沥青混凝土动力性能试验研究[J]. 湖南大学学报(自然科学版), 2010, 37(7): 1-6.

[3] 万晨光, 申爱琴, 赵学颖, 等. 基于综合性能的桥面铺装防水粘结层灰靶决策[J]. 建筑材料学报, 2017, 20(3): 406-410.

[4] 徐全鹏, 侯宗良, 杨波, 等. 脱硫胶粉/SBS复合改性沥青的制备与性能研究[J]. 土木工程, 2021, 10(2): 95-108.

[5] LIU S T, GAO W D, SHANG S J, et al. Analysis and application of relationships between low-temperature rheological performance parameters of asphalt binders [J]. Construction and Building Materials, 2010, 24(4): 471-478.

[6] ZHANG J Z, LI P Z, WANG K, et al. Adhesive behavior and pavement performance of asphalt mixtures incorporating red mud as a filler substitute[J]. Construction and Building Materials, 2021, 298: 123-855.

[7] 王笃喜, 陈仕周, 周丽丽. 几种水泥混凝土桥面防水粘结层的疲劳性能试验分析[J]. 公路交通技术, 2012(4): 98-99+108.

第5章

混合纤维 SMA13 优化设计与性能

第5章 混合纤维SMA13优化设计与性能

本章首先采用最优混料设计方法设计混合纤维方案，配制各种纤维沥青胶浆，基于沥青胶浆的高低温流变性能确定混合纤维中木质素纤维、聚酯纤维、玄武岩纤维的最优比例；然后开展混合纤维SMA13配合比设计与基本路用性能评价，推荐混合纤维的最佳掺量；最后研究混合纤维SMA13的动态力学特性及抗剪、抗拉强度。

5.1 原材料与性能

5.1.1 沥青

采用SBS改性沥青（I-D）根据现行试验规程测试沥青的针入度、软化点、延度等性能指标，结果如表5-1所示。

SBS改性沥青的基本性能指标　　　　表5-1

试验指标	单位	测试结果	技术要求	试验方法	
针入度（25℃，100g，5s）	0.1mm	58	40-60	T0604—2011	《公路工程沥青及沥青混合料试验规程》JTG E20—2011
软化点	℃	80.2	≥55	T0606—2011	
延度（5cm/min，5℃）	cm	30.7	≥30	T0605—2011	
布氏黏度（135℃）	Pa·s	2.5	<3	T0625—2011	
贮存稳定性离析，48h软化点差	℃	2.0	≤2.5	T0661—2011	

5.1.2 集料与矿粉

粗细集料均采用玄武岩石料，矿粉采用磨细的石灰岩矿粉，来源均为山东省济南市。依据现行的《公路工程集料试验规程》JTG E42—2005检测集料与矿粉的基本性能指标，结果如表5-2～表5-4所示。

粗集料的基本性能指标　　　　表5-2

指标		单位	不同规格粗集料试验结果		技术要求
			10～15mm	5～10mm	
石料压碎值		%	15.6	—	≤24
洛杉矶磨耗损失		%	18.2	19.4	≤28
表观相对密度		—	2.879	2.889	≥2.6
毛体积相对密度		—	2.818	2.793	—
吸水率		%	0.8	0.9	≤2.0
与沥青的黏附性		级	5	5	≥5
针片状颗粒含量	>9.5mm	%	9.9	—	≤12
	<9.5mm	%	13.1	12.4	≤18
水洗法<0.075mm颗粒含量		%	0.6	0.8	≤1.0

细集料的基本性能指标　　　　　　　表 5-3

指标	单位	不同规格细集料试验结果		技术要求
		0～3mm	3～5mm	
表观相对密度	—	2.876	2.873	≥2.50
毛体积相对密度	—	—	2.809	—
坚固性（＞0.3mm 部分）	%	14.2	13.4	≥12
砂当量	%	65	61	≥60
棱角性（流动时间法）	s	35	38	≥30

矿粉的基本性能指标　　　　　　　表 5-4

项目		单位	检测结果	技术要求
含水率		%	0.3	≤1.0
表观相对密度		—	2.821	≥2.50
外观		—	无团粒结块	无团粒结块
加热安定性		—	合格	合格
粒度范围	＜0.6mm	%	100	100
	＜0.15mm	%	91.4	90～100
	＜0.075mm	%	79.6	75～100

由上述检测结果可知，原材料的各项性能指标均符合现行《公路沥青路面施工技术规范》JTG F40—2004 的技术标准要求。

5.1.3 纤维

选用木质素纤维、聚酯纤维、玄武岩纤维三种常见的纤维开展研究。木质素纤维是以木材等为原料进行化学或机械加工而成的植物纤维，外观呈现不规则絮状，为灰色，具有优良的吸附沥青作用。聚酯纤维是以合成高分子聚合物为原料制成的化学纤维，俗称涤纶，外观为多根纤维单丝组成束状，呈白色，具有高强度、高耐热性，在沥青中可均匀分散，形成三维空间结构，起到阻裂作用。玄武岩纤维是以玄武岩石料经高温熔融、拉丝、亲油浸润剂处理及合股缠绕，并短切而成的束状纤维，外观呈黄褐色束状；高温稳定性优良，强度较高，在沥青混合料中起到加筋与增韧作用。三种纤维外观形态如图 5-1 所示。

(a) 木质素纤维

(b) 聚酯纤维

(c) 玄武岩纤维

图 5-1　试验用纤维外观

1. 纤维质量检测

纤维的质量执行标准为《沥青路面用纤维》JT/T 533—2020，各种纤维的基本性能参数见表 5-5～表 5-7。

木质素纤维性能检测结果　　　　　　　　　　　　　表 5-5

项目	单位	技术要求	试验结果
纤维长度	mm	≤6	4.6
灰分含量	%	18±5	17.2
pH 值	—	7.5±1.0	7.3
含水率（以质量计）	%	≤5	3.1

聚酯纤维性能检测结果　　　　　　　　　　　　　表 5-6

项目	单位	技术要求	实测值
长度	mm	6（±10%）	6.0
直径	μm	5-25	21.24
断裂强度	MPa	≥450	1021
断裂伸长率	%	≥20	27
可燃性	—	不可燃	不可燃

玄武岩纤维性能检测结果　　　　　　　　　　　　　表 5-7

项目	单位	技术要求	实测值
长度	mm	6（±10%）	6.1
直径	μm	16（±5%）	16.21
断裂强度	MPa	≥2000	2164
断裂伸长率	%	≤3.1	2.1
含水率	%	≤0.2	0.16
可燃性	—	不可燃	不可燃

2. 纤维微观形貌

采用环境电子显微镜（图 5-2）观察三种纤维的微观形貌；木质素纤维、聚酯纤维、玄武岩纤维表面形貌如图 5-3 所示。

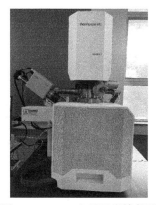

图 5-2　ESEM 电子显微镜仪器

(a) 木质素纤维　　　　　　　(b) 聚酯纤维　　　　　　　(c) 玄武岩纤维

图 5-3　各纤维的电镜扫描图

由图 5-3 可以看出：木质素纤维宏观呈絮状，在微观状态下呈不规则空间缠绕状，经工艺处理后，表面凹凸不平，并随机分布微小孔洞，这样可以使沥青分子渗入纤维内部，增强纤维和沥青的粘结性，起到吸附沥青作用并形成空间网状结构；聚酯纤维呈束状分布，经表面改性后，出现凹坑，增大了纤维比表面积，可增强纤维表面的物理性能、化学性能，提高与沥青的结合力，更好发挥聚酯纤维的力学性能；玄武岩纤维表面呈现不光滑圆柱状，表面分布着不规则凸起与凹陷，增大了玄武岩纤维的比表面积，从而提高纤维与沥青间的摩擦力与粘结作用力，有利于发挥纤维对沥青的增强效应。

3. 纤维吸持沥青能力

纤维对沥青吸持的稳定性决定了纤维在沥青胶浆、沥青混合料中的性能增强效果。当纤维对沥青吸持量较高时，沥青混合料在高温下的离析和泛油问题可显著减少，同时也影响沥青混合料中的油石比。通过网篮析漏试验检测纤维对沥青吸持量，试验过程如图 5-4 所示：（1）将网篮浸泡于沥青中，网篮底端与下侧壁黏附一定沥青，提起网篮至沥青不再滴落，将该网篮置于空烧杯上，将天平质量归零；（2）将称量完毕的 3 种干燥纤维（m_1）置于网篮中，将网篮浸于沥青中，并放置于烘箱中在 175℃ 条件下保温 3h，使纤维完全与沥青反应；（3）提起网篮至不再有沥青滴漏，置于前步骤的空烧杯上，读取纤维及吸持沥青质量 m_2；（4）采用吸油性指数 δ_m 反映纤维对沥青的吸持量，吸油性指数 δ_m 为沥青反应前后的质量差与其初始质量的比值，由式(5-1)计算。

图 5-4　纤维吸持沥青试验

$$\delta_m = \frac{m_2 - m_1}{m_1} \tag{5-1}$$

式中：m_2——纤维及吸持沥青质量，g；

m_1——干燥纤维质量，g。

测试及计算结果见表 5-8。由表可知，各纤维对沥青的吸附能力大小顺序为：聚酯纤维 > 木质素纤维 > 玄武岩纤维，说明聚酯纤维对于沥青的稳定作用最佳。

纤维的吸油性指数　　表 5-8

纤维类型	干燥纤维质量/g	纤维与吸持沥青质量/g	吸油性指数
木质素纤维	5	38.8	6.8
聚酯纤维	5	48.3	8.7
玄武岩纤维	5	17.4	2.5

5.2　混合纤维沥青胶浆优化设计与性能

5.2.1　混合纤维方案设计

采用最优混料试验设计法进行混合纤维方案设计。常用的方法有单纯形格子试验设计、单纯形重心试验设计，本研究采用后者进行混料试验设计。将木质素纤维、聚酯纤维和玄武岩纤维作为一个整体，以木质素纤维质量占比 A、聚酯纤维质量占比 B 及玄武岩纤维质量占比 C 作为因子，设计出如表 5-9 所示的 10 个试验方案。

试验方案　　表 5-9

组别	A	B	C
1	1	0	0
2	0.667	0.167	0.167
3	0.167	0.167	0.667
4	0	1	0
5	0.5	0.5	0
6	0	0.5	0.5
7	0	0	1
8	0.5	0	0.5
9	0.333	0.333	0.333
10	0.167	0.667	0.167

以纤维沥青胶浆在 64℃、70℃、76℃ 和 82℃ 高温下的车辙因子 $G^*/\sin\delta$，−18℃、−12℃ 两个低温下的 m/S 值 [其物理意义见式(5-11)] 作为考核指标，综合确定混合纤维的最优配比方案。

5.2.2 试样制备与试验方法

1. 纤维沥青胶浆制备

采用第 5.1 节中的原材料与表 5-9 的方案，制备 10 种混合纤维沥青胶浆。沥青胶浆的粉胶比在规范内选定，取值为 1.6；纤维用量按照沥青混合料质量的 0.3%估算，约为沥青质量数的 1%。预先将混合纤维与矿粉初步搅拌混合，然后向混合物中缓慢加入温度为 170℃左右的沥青中，用搅拌器持续搅拌样品，直至混合均匀。温度控制在 175℃±5℃，搅拌器先以 1000r/min 的高速搅拌 30min，再以 500r/min 的转速搅拌 30min，以排除浆体内部气泡使纤维沥青胶浆均匀稳定，最后按照试验规程浇筑试模。

2. 试验方法

采用动态剪切流变仪（DSR）测试纤维沥青胶浆的高温流变性质，测试指标为复合剪切模量（G^*）和相位角（δ），以车辙因子 $G^*/\sin\delta$ 来评价沥青胶浆的高温性能。一般而言，相同温度下的车辙因子越大，抵抗高温变形的能力越强，高温性能越好。试验过程执行《公路工程沥青及沥青混合料试验规程》JTG E20—2011 中 T0628—2011，测试温度分别为 64℃、70℃、76℃、82℃。

采用弯曲梁流变仪（BBR）进行纤维沥青胶浆弯曲蠕变劲度试验，评价低温流变性能，测试指标为弯曲蠕变劲度 S 和蠕变速率 m 值。S 可表征沥青胶浆抵抗变形的能力，S 值越大，沥青在低温下越脆，越容易开裂；m 是在任意时间 t 时 $\lg t$ -$\lg s$ 坐标系中劲度曲线上某点的切线斜率，m 值越大，沥青胶浆的低温松弛性能越好，即低温抗裂能力越强。但仅依据 S 值或 m 值得出低温性能不一致结论的情况具有一定的普遍性，因此，综合考虑沥青材料的劲度模量和蠕变速率特性，以具有明确物理意义的指标 m/s 来反映材料的低温性能更为合理，m/s 值越大低温性能越好。试验过程执行《公路工程沥青及沥青混合料试验规程》JTG E20—2011 中 T0627—2011，测试温度为 −12℃、−18℃。

5.2.3 混合纤维沥青胶浆高温流变性能

1. 复数剪切模量

复数剪切模量 G^* 是材料重复剪切变形时对总阻力的度量，包括实数部分的储存弹性模量和虚数部分的损失黏性模量。复数剪切模量 G^* 表征了沥青抵抗变形的能力，其值越大，沥青抵抗变形的能力越强。不同温度下的试验结果如图 5-5 所示。

由图 5-5 可知，比较各温度下的复数剪切模量 G^*，6 号与 8 号方案具有较为突出的优势，优于所有单一纤维胶浆和其他混合纤维沥青胶浆；而 6 号与 8 号相比，最高温度 82℃时具有更大的复数剪切模量值。

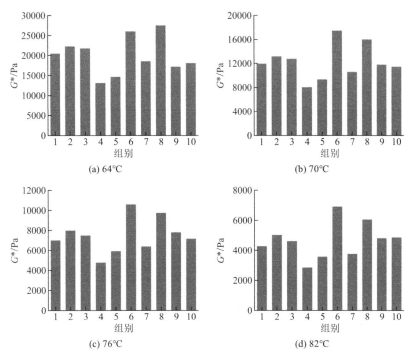

图 5-5 混合纤维沥青胶浆的复数剪切模量

2. 车辙因子

不同温度下的车辙因子 $G^*/\sin\delta$ 结果如图 5-6 所示。

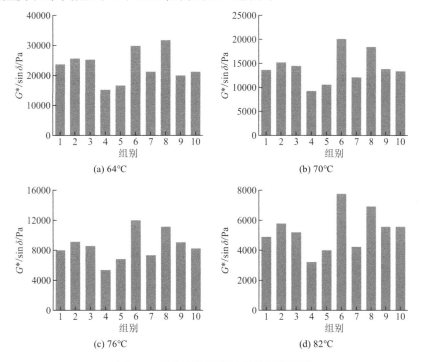

图 5-6 混合纤维沥青胶浆的车辙因子

从图 5-6 可以直观地看出，在各组混合纤维沥青胶浆中，6 号与 8 号方案的车辙因子较大，而综合各温度的情况，82℃下的 6 号方案的高温抗变形能力更强，这表明聚酯纤维和玄武岩纤维混合的纤维胶浆具有最好的高温抗车辙能力。

5.2.4 混合纤维沥青胶浆低温流变性能

1. 低温劲度模量

各组纤维沥青胶浆的低温蠕变劲度模量结果如图 5-7 所示。

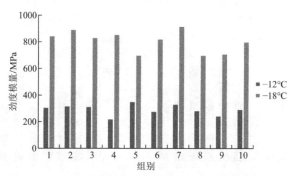

图 5-7 各纤维沥青胶浆的低温蠕变劲度模量值

从图 5-7 可以看出，$-18℃$的蠕变劲度模量S显著大于$-12℃$的，表明纤维沥青胶浆在低温呈现出更明显的脆性；两种温度下S值的变化规律并不完全一致，因此，在进行低温性能比较时可根据工程所在的气候来选择适宜的温度。$-18℃$的条件下，不管是跟单一纤维的沥青胶浆 1 号和 7 号相比，还是跟其他的混合纤维沥青胶浆相比，5 号、8 号与 9 号纤维沥青胶浆具有相当且最小的S值；$-12℃$的条件下，则是 4 号具有最小的S值。如果仅将$-12℃$的S值作为依据，则与木质素纤维和玄武岩纤维相比，聚酯纤维沥青胶浆具有更好的低温脆性降低效果，使胶浆在低温下能保持较好的抗变形能力；但若基于$-18℃$的S值大小，则是混合纤维的低温性能较好。由此可见，基于不同温度下的S值，得到的低温性能优劣的结论是不一致的。

2. 蠕变速率

各组纤维沥青胶浆的蠕变速率结果如图 5-8 所示。

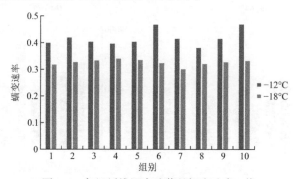

图 5-8 各组纤维沥青胶浆的蠕变速率m值

从图 5-8 可以看出，$-18℃$的m值明显小于$-12℃$的m值，说明温度越低，纤维沥青胶浆的蠕变速率越慢，低温抗裂性越差；两种温度下的低温性能表现出不一致的变化趋势，这与基于S值得到的结论是完全一致的。在以−18℃作为比较条件时，所有配比中4号配比具有稍高的m值，表明其具有较好的低温性能，但优势并不突出；这与基于S值比较得出的结论并不吻合。在−12℃下，6号与10号具有较为突出的低温性能；同样，这与基于S值比较得出的结论也不吻合。由此可见，基于单一的S值或m值得出的低温性能结论不一致，不易判断出低温性能较好的纤维沥青胶浆。

3. m/S值

再以m/S值来比较低温性能，图5-9给出了m/S值的变化规律。

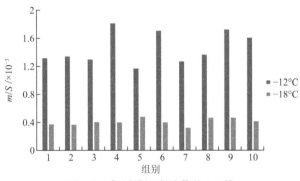

图5-9　各纤维沥青胶浆的m/S值

由图5-9可以看出，在−18℃时，7号方案的m/S值最小，5号、8号与9号方案的较大，其余方案的次之。在−12℃时，4号、6号、9号和10号方案的m/S值较大，较单一木质素纤维沥青胶浆的1号分别提高了38%、29%、31%和22%。两种温度下4号、6号、9号与10号的m/S值均较大，这些方案中均掺有聚酯纤维，说明聚酯纤维对于沥青胶浆的低温抗裂性能改善具有更强的作用。

5.2.5　混合纤维最优配比确定

基于纤维沥青胶浆高温流变性能的复数剪切模量和车辙因子，6号与8号方案是较好的配比；基于两个温度的低温流变试验结果分析，4号、6号、9号与10号方案具有较好的低温流变性能。因此，综合纤维沥青胶浆的高低温流变特性，6号配比作为最优的方案，即混合纤维的最优配比为$A:B:C=0:0.5:0.5$，下文中的混合纤维SMA13均是指按此比例得到的混合纤维。

5.3　纤维SMA13配合比设计与基本路用性能

5.3.1　木质素纤维SMA13配合比设计

1. 矿料级配设计

首先对试验所用的粗细集料与矿粉按照试验规程进行筛分试验，筛分结果见表5-10；

然后按照规范要求的级配范围,将4.75mm筛孔通过率作为控制指标,拟定下、中、上3条S形级配曲线,分别标记为级配1、级配2和级配3,其4.75mm筛孔通过率分别为24%、28%与32%,级配曲线如图5-10所示。木质素纤维的掺量(纤维质量占矿料质量的百分比)均为0.3%。

矿料筛分表(单位:%) 表5-10

筛孔尺寸/mm	16	13.2	9.5	4.75	2.36	1.18	0.6	0.3	0.15	0.075
10~15	100	78.93	16.23	0.47	0.23	0.23	0.23	0.23	0.23	0.23
5~10		100	91.84	1.41	0.79	0.78	0.77	0.73	0.68	0.57
3~5		100	100	98.22	67.85	51.93	38.69	27.20	21.58	16.58
0~3		100	100	100	98.90	75.82	59.86	46.27	33.40	26.87	21.07
矿粉	100	100	100	100	100	100	99.89	99.27	96.91	89.03

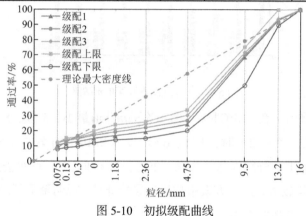

图5-10 初拟级配曲线

2. 最佳油石比确定

在级配拟定后,需确定初始油石比制备试件测得VMA。初始油石比可按式(5-2)进行计算[1]。

$$P_a = \left(\frac{100 - VV}{100 - VMA} \times \frac{1}{\gamma_{sb}} - \frac{1}{\gamma_{se}} \right) \times \gamma_b \times 100 \tag{5-2}$$

式中:P_a——不考虑存在纤维时预估的油石比,%;

VV——空隙率,%;

VMA——矿料间隙率,%;

γ_{sb}——合成级配毛体积相对密度;

γ_{se}——合成矿料的有效相对密度;

γ_b——沥青的相对密度。

在利用式(5-2)进行油石比预估时,VV和VMA根据规范选取标准值;级配的合成毛体积相对密度、有效相对密度等参数由计算得到,见表5-11。依据规范中对SMA13的技术要求,空隙率VV取4.0%,矿料间隙率VMA取17%,将表5-11的数据代入式(5-2),计算得到

3 个级配的预估油石比分别为 6.30%、6.27%、6.25%，统一取值为 6.3% 作为制件的初试油石比，该油石比也可作为最佳油石比的预估值。

合成级配参数　　　　　　　　　　　　　　　　　表 5-11

级配	γ_{sb}	γ_{sa}	γ_{se}	ω_x	C	γ_t	γ_f
级配 1	2.780	2.845	2.826	0.824	0.714	2.553	2.443
级配 2	2.808	2.872	2.855	0.791	0.722	2.574	2.472
级配 3	2.811	2.873	2.856	0.764	0.728	2.575	2.481

按照预估的初始油石比制作马歇尔试件，每条级配曲线制作 4 个符合要求的马歇尔试件。根据试验规程，利用表干法测得试件的毛体积相对密度，并进行稳定度与流值试验。按照式(5-3)~式(5-6)计算试件的空隙率、矿料间隙率等体积参数，结果见表 5-12。

$$VV = \left(1 - \frac{\gamma_f}{\gamma_t}\right) \times 100 \tag{5-3}$$

$$VMA = \left(1 - \frac{\gamma_f}{\gamma_{sb}} \times \frac{P_s}{100}\right) \times 100 \tag{5-4}$$

$$VFA = \frac{VMA - VV}{VMA} \times 100 \tag{5-5}$$

$$VCA_{mix} = 100 - \frac{\gamma_f}{\gamma_{ca}} \times P_{ca} \tag{5-6}$$

式中：VFA——有效沥青饱和度，%；

　VCA$_{mix}$——压实沥青混合料试件中粗集料骨架间隙率，%；

　　γ_f——试件的毛体积相对密度；

　　γ_t——沥青混合料最大理论相对密度；

　　P_s——各种矿料质量之和占混合料总质量（包括纤维质量）的百分率，%；

　　P_{ca}——沥青混合料中粗集料的比例，即大于 4.75mm 的颗粒含量，%；

　　γ_{ca}——粗集料的合成毛体积相对密度。

木质素纤维 SMA13 试件体积参数与性能指标　　　　　表 5-12

级配类型	VV/%	VMA/%	VFA/%	VCA$_{mix}$/%	稳定度/kN	流值/mm
级配 1	4.3	17.5	75.5	37.7	8.45	4.08
级配 2	4.0	17.3	77.2	40.2	10.92	3.78
级配 3	3.6	17.1	78.7	43.4	10.71	4.6

SMA 级配设计的基本要求是形成嵌挤结构，判定依据是马歇尔试件的粗集料骨架间隙率（VCA$_{mix}$）小于粗集料骨架的松装间隙率（VCA$_{DRC}$）。为更加准确起见，VCA$_{DRC}$通过集料振实试验测得，3 个级配的VCA$_{DRC}$测定值均近似为 42.3%。因此，由表 5-12 可知级配 1、2 均形成了骨架嵌挤结构，选择级配 2 作为设计级配，各档料的用量比例如表 5-13 所示。

SMA13 沥青混合料矿料比例　　　　表 5-13

矿料规格/mm	10～15	5～10	0～5	0～3	矿粉
用量比例/%	32	41	9	9	9

初始油石比 6.3%的混合料体积指标、稳定度与流值均符合规范设计标准要求,因此,木质素纤维 SMA13 最佳油石比定为 6.3%是合理的。同时,为防止设计的最佳油石比过大,需进行析漏试验对设计结果进行评价。测得的析漏损失为 0.084%,满足《公路沥青路面施工技术规范》JTG F40—2004 中的要求。

5.3.2　混合纤维 SMA13 配合比设计

1. 矿料级配设计

严格地讲,混合纤维 SMA13 的级配设计需另外进行。但考虑到纤维掺量较小,对级配设计的影响也小,为减小试验工作量,参考木质素纤维 SMA13 的级配设计结果,确定混合纤维 SMA13 仍采用级配 2 应是可行的。

2. 混合纤维不同掺量的最佳油石比

（1）混合纤维掺量对体积指标及性能的影响

拟定 0.2%、0.3%和 0.4%三个不同掺量,考察不同油石比时混合纤维对混合料体积指标及性能的影响,试验结果如图 5-11 所示。

由图 5-11 各指标的变化规律可知,在相同纤维掺量下,随着油石比的增大,VV 和 VMA 呈下降趋势,VFA 和 VCA_{mix} 呈上升趋势,稳定度及流值没有明显的规律;在相同油石比时,随纤维掺量的增加,总体上 VV 和 VMA 增大,其他指标没有明显的规律。

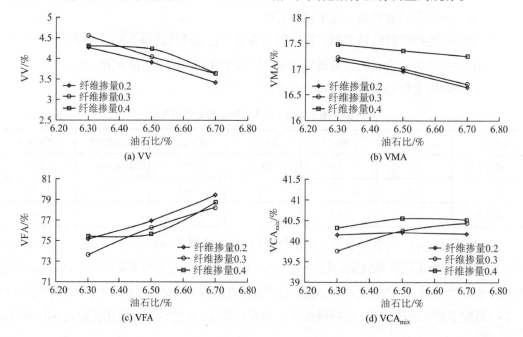

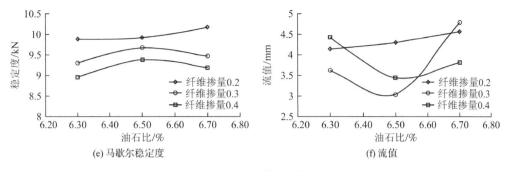

图 5-11 混合纤维掺量对体积指标及性能的影响

（2）混合纤维 SMA13 最佳油石比确定

为节省试验工作量，不同混合纤维掺量的 SMA13 最佳油石比确定仍然用式(5-2)估算，但在进行参数值输入时，不同纤维掺量的 VMA 需取不同的值，较多的纤维用量 VMA 就取较大的值，但空隙率可保持一致，均取 4%。

纤维掺量为 0.2%、0.3%、0.4%时，预估的 SMA13 最佳油石比分别为 6.4%、6.5%、6.6%。为进一步确认预估结果的合理性，采用预估的最佳油石比制作马歇尔试件，检测各项体积指标，结果见表 5-14。

马歇尔试验体积参数与性能指标 表 5-14

混合纤维掺量/%	油石比/%	毛体积相对密度	VV/%	VMA/%	VFA/%	稳定度/kN	流值/mm
0.2	6.4	2.451	4.0	17.1	75.4	9.88	4.24
0.3	6.5	2.454	3.9	17.1	76.7	9.67	3.05
0.4	6.6	2.448	3.9	17.4	77.1	9.39	3.82

由试验结果可知，油石比预估公式计算出的最佳油石比满足规范对于 SMA13 各项体积指标的要求，说明按照公式估算的结果合理。

3. 最大沥青用量检验

采用谢伦堡析漏试验检验混合纤维 SMA13 的最佳油石比是否满足要求，结果如表 5-15 所示，均满足《公路沥青路面施工技术规范》JTG F40—2004 中的要求。

谢伦堡析漏试验结果 表 5-15

混合纤维掺量/%	0.2	0.3	0.4
油石比/%	6.4	6.5	6.6
析漏损失/%	0.100	0.087	0.070

5.3.3 SMA13 高温稳定性

1. 试验方法

采用车辙试验测得的动稳定度指标评价不同纤维 SMA13 的高温性能，试验过程执行《公路工程沥青及沥青混合料试验规程》JTG E20—2011 中的 T0719—2011。每种纤维

SMA13 做 3 次平行试验，取其平均值作为最终试验结果。

2. 试验结果及分析

不同纤维 SMA13 的车辙试验结果见表 5-16，为便于直观比较，同时将车辙试验结果绘制于图 5-12。

不同纤维 SMA13 的车辙试验结果　　　　　　表 5-16

纤维及其掺量/%	45min 相对位移/mm	60min 相对位移/mm	动稳定度/(次/mm)	动稳定度平均值/(次/mm)
木质素纤维 0.3	2.81	3	3300	3067
	1.68	1.9	2850	
	2.43	2.64	3050	
混合纤维 0.2	1.87	1.96	7000	6350
	2.02	2.12	6300	
	1.65	1.76	5730	
混合纤维 0.3	2.77	2.84	9000	8252
	3.02	3.1	7880	
	1.98	2.04	7875	
混合纤维 0.4	1.94	2.01	9000	8625
	1.76	1.84	7875	
	2.87	2.94	9000	

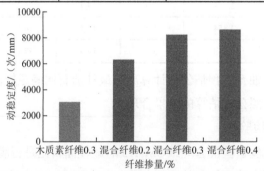

图 5-12　各纤维 SMA13 动稳定度对比

由图 5-12 可知，相比于木质素纤维 SMA13，混合纤维 SMA13 的动稳定度明显提高且随着掺量的增加，动稳定度呈现增大趋势，混合纤维掺量由 0.2% 提高至 0.3% 时，动稳定度提高 27%，而由 0.3% 提高至 0.4% 时动稳定度仅提高了 0.5%，说明混合纤维掺量超过 0.3% 时纤维掺量对动稳定的提高已不明显。与木质素纤维相比，混合纤维 SMA13 的动稳定度分别增大了 107%、169%、181%，且均远满足规范不小于 3000 次/mm 的要求。

基于表 5-16 的试验数据进行单因素方差分析，以检验不同纤维及掺量对动稳定度的影响。各因素水平设置为：A_1 为 0.3% 木质素纤维 SMA13，A_2、A_3、A_4 分别为 0.2%、0.3%、0.4% 混合纤维 SMA13；取显著性水平 $\alpha = 0.05$，方差分析结果见表 5-17。由统计量 F 值可知，混合纤维掺量对动稳定度有显著影响。

动稳定度方差分析　　　　　表 5-17

差异源	离差平方和 SS	自由度 df	均方差 MS	统计量F	统计量F的临界值F_α	显著性
组间（因素）	58127217	3	19375739	59.73943	4.066181	*
组内（误差）	2594700	8	324337.5			
总和	60721917	11				

对数据进行双样本等方差假设T检验，结果见表 5-18。根据检验结果分析各水平之间是否有显著性差异，如双尾P值 > 0.05 则认为两水平下总体均值无显著差异。

动稳定度 T 检验　　　　　表 5-18

因素水平		t Stat	t双尾临界	$P(T \leqslant t)$双尾
A_1	A_2	−8.409	2.776	0.001095
A_2	A_3	−3.640	2.776	0.021968
A_3	A_4	−0.705	2.776	0.519839

由表 5-18 可知，水平A_1与A_2、A_2与A_3的$P(T \leqslant t)$双尾值分别为 0.001、0.022 < 0.05，说明它们存在显著差异，而A_3与A_4间$P(T \leqslant t)$双尾值为 0.519 > 0.05，表明无显著差异。因此，0.3%木质素纤维与 0.2%混合纤维 SMA13、0.2%混合纤维与 0.3%混合纤维 SMA13 之间的动稳定度有显著性差异，而 0.4%混合纤维相较于 0.3%混合纤维 SMA13 的动稳定度差异并不显著，说明混合纤维掺量超过 0.3%后对提高 SMA13 混合料的高温稳定性已不显著，因此，基于高温性能与经济因素考虑，混合纤维最佳掺量推荐为 0.3%。

5.3.4　SMA13 低温抗裂性

1. 试验方法

采用低温小梁弯曲试验评价沥青混合料的低温抗裂性能，测试温度为−10℃。采用轮碾成型车辙板切割的小梁试件，每种混合料制作 4 根小梁。试验过程执行《公路工程沥青及沥青混合料试验规程》JTG E20—2011 中的 T0715—2011。

2. 试验结果及分析

不同纤维 SMA13 低温弯曲小梁试验结果见表 5-19。由表 5-19 可看出，混合纤维可大幅度提高 SMA13 低温抗裂性能，跨中挠度与低温弯曲应变随着混合纤维掺量的增加先增大后减小，在掺量为 0.3%时达到最大值；与木质素纤维 SMA13 相比，各掺量混合纤维 SMA 的低温弯曲应变值分别增加 67.6%、142.7%和 91.2%。

不同纤维 SMA13 低温弯曲小梁试验结果　　　　　表 5-19

纤维种类及掺量/%	跨中挠度/mm	破坏应变$\varepsilon_B/\mu\varepsilon$
木质素纤维 0.3	0.68	3570
混合纤维 0.2	1.14	5985
混合纤维 0.3	1.65	8663
混合纤维 0.4	1.3	6825

不同低温抗裂性能的 SMA 小梁试件的破坏形态如图 5-13 所示，从图中可以看出，0.3%混合纤维 SMA13 小梁呈现明显弯曲但无明显裂缝，说明低温变形能力强；而同样掺量的普通木质素纤维 SMA13 小梁则表现出变形较小，而且有明显的断裂裂缝。

(a) 0.3%混合纤维 SMA13 小梁

(b) 木质素纤维 SMA13 小梁

图 5-13　小梁试件破坏图

3. 破坏机理分析

为研究混合纤维对 SMA 低温抗裂的增强机理，对 0.3%混合纤维 SMA13 小梁进行加载破坏，利用电子显微镜观察断裂截面，结果如图 5-14 所示。由图可以看出断面处存在交叉分散的纤维，表明混合纤维形成的三维结构在抵抗荷载作用时发挥了其高强度、高模量的作用，提高了混合料抗拉强度和抵抗破坏能力，起到了明显的增韧作用。但当纤维掺量超过 0.4%时，纤维产生了团聚现象（图 5-15），纤维的作用难以发挥，导致混合料内部结构不均匀，反而使低温抗裂性下降。

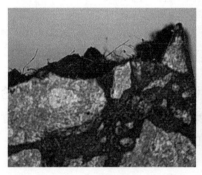

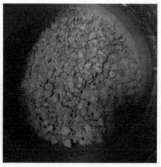
(a) 拌和中纤维团聚

(b) 成型后纤维团聚

图 5-14　混合纤维 SMA 小梁断裂面　　　图 5-15　0.4%混合纤维 SMA13 中的纤维团聚

5.3.5　SMA13 水稳定性

1. 试验方法

采用浸水马歇尔试验与冻融劈裂试验评价不同纤维 SMA13 的水稳定性。测试过程分别执行《公路工程沥青及沥青混合料试验规程》JTG E20—2011 中的 T0709—2011、T0729—2011。

2. 试验结果及分析

（1）浸水马歇尔试验

通过试验获得每个试件马歇尔稳定度，分别得出每种纤维 SMA13 试验组和对照组的马歇尔稳定度平均值，计算得到的试验结果如表 5-20 所示。

浸水马歇尔试验结果　　　　表 5-20

纤维掺量/%	木质素纤维 0.3	混合纤维 0.2	混合纤维 0.3	混合纤维 0.4	规范要求
MS_1	7.79	9.31	9.59	9.22	—
MS	8.21	9.88	9.67	9.38	≥6kN
MS_0	94.88	94.23	99.17	98.29	≥80%

由表 5-20 可知，0.2%混合纤维 SMA13 的浸水残留稳定度（MS_0）小于木质素 SMA13 的，而 0.3%、0.4%混合纤维 SMA13 的残留稳定度均大于木质素纤维 SMA13 的结果，分别提高了 4.5%、3.6%；随着混合纤维掺量的增加，浸水残留稳定度呈现先增大后降低的趋势，在掺量 0.3%时最大。因此，0.3%混合纤维 SMA13 的水稳定性最佳。

（2）冻融劈裂试验

各纤维 SMA13 的冻融劈裂试验结果见表 5-21。

冻融劈裂试验结果　　　　表 5-21

纤维掺量/%	木质素纤维 0.3	混合纤维 0.2	混合纤维 0.3	混合纤维 0.4	规范要求
R_{T1}/MPa	1.09	1.16	1.20	1.17	—
R_{T2}/MPa	0.95	1.04	1.11	1.03	—
TSR/%	87.16	89.65	92.50	88.03	≥80

由表 5-21 可知，各混合纤维 SMA13 的冻融劈裂强度比（TSR）均高于木质素纤维 SMA13 的结果，分别比木质素纤维 SMA13 提高了 2.9%、6.1%和 1.0%；随着混合纤维掺量的增大，冻融劈裂强度比呈现先增加后减小趋势，在掺量为 0.3%时最大。当混合纤维掺量为 0.4%时，劈裂强度反而降低。冻融劈裂试验结果表明，0.3%混合纤维掺 SMA13 的水稳性最优，这与浸水马歇尔试验结果一致。

5.3.6　SMA13 低温弯曲蠕变性能

1. 试验与评价方法

为进一步评价不同纤维 SMA13 的低温性能差异，采用小梁低温弯曲蠕变试验测试各纤维 SMA13 的低温弯曲蠕变性能。试验采用砝码加载的杠杆式沥青混合料弯曲蠕变试验仪，试验温度为 0℃±0.1℃，施加荷载为破坏荷载的 10%，加载速率为 50mm/min。试件为轮碾成型车辙板切割的 250mm×30mm×35mm 的小梁，每组 SMA13 采用 4 根小梁试件。

沥青混合料蠕变变形可分为三个阶段，如图 5-16 所示：（1）弹性发生和蠕变迁移期（0~t_1），加载瞬间，弹性变形迅速发生，随之发生蠕变变形且增速较快；（2）稳定期（t_1~t_2），变形稳定增加，变化速率保持近似恒定；（3）破坏期（t_2后）蠕变急剧增大，直至试件断裂破坏。

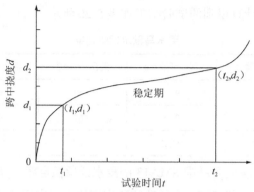

图 5-16 沥青混合料蠕变变形示意图

根据式(5-7)～式(5-9)计算蠕变稳定期的弯曲蠕变劲度模量、蠕变柔量和蠕变速率。

$$S(t) = \frac{\sigma_0}{\varepsilon(t)} \tag{5-7}$$

$$J(t) = \frac{1}{S(t)} \tag{5-8}$$

$$\varepsilon_s = \frac{\varepsilon_2 - \varepsilon_1}{(t_2 - t_1)/\sigma_0} \tag{5-9}$$

式中：$S(t)$——弯曲蠕变劲度模量，MPa；

$J(t)$——弯曲蠕变柔量，1/MPa；

ε_s——弯曲蠕变速率，1/(s·MPa)；

t_1、t_2——蠕变稳定期起、终点时间，s；

ε_1、ε_2——蠕变稳定期起、终点蠕变应变。

常用 Burgers 模型来表征沥青混合料的黏弹性的蠕变迁移期和稳定期。该模型由 Maxwell 模型与 Kelvin 模型串联形成（图 5-17）。

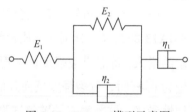

图 5-17 Burgers 模型示意图

由 Burgers 模型的本构方程建立材料在恒定应力下的蠕变方程，见式(5-10)。

$$\varepsilon(t) = \sigma_0 \times \left[\frac{1}{E_1} + \frac{1}{\eta_1} + \frac{1}{E_2} \times \left(1 - e^{-\frac{E_2}{\eta_2}t}\right)\right] \tag{5-10}$$

式中：E_1、η_1——Maxwell 模型的瞬时弹性模量和黏性系数；

E_2、η_2——Kelvin 模型中反映黏弹性材料应力松弛特性参数。

任意时刻蠕变刚度$S(t)$与蠕变速率$m(t)$之间的物理方程为[2]：

$$\frac{m(t)}{S(t)} = \left(\frac{1}{\eta_1} + \frac{1}{\eta_2} e^{-\frac{E_2}{\eta_2}t}\right)t \tag{5-11}$$

参数$m(t)/S(t)$将黏弹性材料的m值与S值综合考虑在一起，表示在某一时刻的单位劲度的蠕变变形速率，可更好地评价沥青混合料的低温蠕变性能。

基于 Burgers 模型中的参数，利用式(5-12)、式(5-13)可分别计算耗散能$W_s(t)$和储存能

$W_d(t)$ 进而计算混合料的耗散能比 $W_d(t)/W_s(t)$，该比值越大说明材料具有较好的应力松弛能力，也即低温性能越好。

$$W_s(t) = \sigma_0^2 \left[\frac{1}{E_1} + \frac{1}{2E_2}\left(1 - 2e^{-\frac{E_2}{\eta_2}t} + e^{-\frac{2E_2}{\eta_2}t}\right) \right] \tag{5-12}$$

$$W_d(t) = \sigma_0^2 \left[\frac{t}{\eta_1} + \frac{1}{2E_2}\left(1 - e^{-\frac{E_2}{\eta_2}t}\right) \right] \tag{5-13}$$

式中：$W_s(t)$——单位体积的存储能量，MPa；

$W_d(t)$——单位体积耗散的能量，MPa；

t——试验加载时间，s；

σ_0——跨中应力，MPa。

2. 试验结果及分析

对不同纤维 SMA13 试件进行低温弯曲小梁试验，以 4 组平行试验的平均值绘制蠕变曲线，如图 5-18 所示。

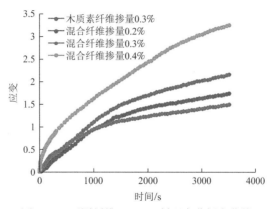

图 5-18 不同纤维 SMA13 低温弯曲蠕变曲线

由图 5-18 可看出，随着时间的延长试件的应变逐渐增大，但混合纤维掺量为 0.4%时应变变化速率最大，木质素纤维试件次之，混合纤维掺量 0.3%时应变变化速率最小，试验结束时混合纤维掺量 0.4%的总蠕变应变比掺量 0.3%的大 43.5%。

基于蠕变曲线，拟合出 Burgers 模型的两个弹性模量（E_1、E_2）和两个黏性系数（η_1、η_2），结果如表 5-22 所示。

不同纤维 SMA13 的 Burgers 模型参数拟合结果　　　表 5-22

纤维及其掺量/%	E_1/MPa	E_2/MPa	η_1/(MPa·s)	η_2/(MPa·s)	相关系数
木质素纤维 0.3	17611.24	2064.52	63.98	111498.68	0.999
混合纤维 0.2	17748.83	2054.28	81.57	126550.83	0.999
混合纤维 0.3	18254.17	3518.54	167.19	99023.61	0.999
混合纤维 0.4	17487.89	2874.68	117.45	49718.356	0.997

根据表 5-22 结果，由式(5-11)计算 t 为 1000s 时刻的 $m(t)/S(t)$，由式(5-12)和式(5-13)计

算耗散能比$W_d(t)/W_s(t)$，结果如图5-19、图5-20所示。

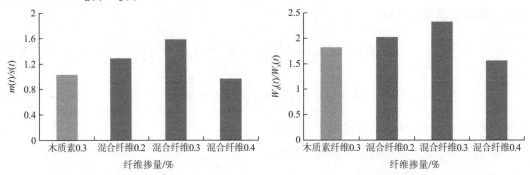

图5-19 各纤维SMA13的$m(t)/S(t)$比值　　图5-20 各纤维SMA13的耗散能比

应力松弛能力随着$m(t)/S(t)$及耗散能比$W_d(t)/W_s(t)$的增大而增大，较大的参数值意味着相对较好的低温性能。从图5-19、图5-20可以看出：混合纤维掺量0.2%、0.3%SMA13的$m(t)/S(t)$比值相较于0.3%木质素纤维SMA13分别增加25%、53%，耗散能比分别增加12%、28%，而0.4%混合纤维SMA13的低温蠕变性能低于木质素纤维SMA13；两参数值均随着混合纤维掺量的增大呈现先上升后下降的趋势，在0.3%时均为最大值，当到达0.4%时，低温蠕变性能低于0.3%木质素纤维SMA13的性能。这说明适合掺量的混合纤维可使SMA13具有较好的低温蠕变变形能力与应力松弛能力。此结论与低温弯曲试验中所得结论一致，再次表明混合纤维掺量0.3%时SMA13的低温性能最优。

因此，基于上述不同掺量混合纤维SMA13的高温性能、低温性能与水稳性的综合分析，推荐混合纤维的最佳掺量为0.3%。

5.4 SMA13的动态力学特性及强度

本节通过动态模量试验和疲劳试验研究混合纤维SMA13的动态力学性特性及抗疲劳性能，并与木质素纤维SMA13、聚酯纤维SMA13、玄武岩纤维SMA13（纤维掺量均为0.3%）进行对比分析，建立4种纤维SMA13的动态模量主曲线，评价动态力学性能及抗疲劳性能的差异。

5.4.1 动态力学性能

1. 试验方法

动态模量已被广泛用于评价黏弹性材料（如沥青混合料）的力学性能，也是我国沥青路面结构设计和美国力学经验设计法的一个重要输入参数，因此采用动态模量试验评价各纤维SMA13的动态力学特性。动态模量试验可参照《公路工程沥青及沥青混合料试验规程》JTG E20—2011中的T0738—2011，试件采用旋转压实成型ϕ150mm×170mm（高）试件，钻取ϕ100mm×150mm芯样，每组试件制作4个。使用简单性能试验机SPT对试件施加正弦波形荷载，设定温度为-5℃、5℃、20℃、35℃、45℃，频率为0.1Hz、0.5Hz、1Hz、5Hz、10Hz、25Hz，从低温到高温、从高频至低频施加荷载。采集最后5个波形的荷载与变形曲线，计算试验施加荷载、试件轴向可恢复变形、动态模量与相位角。

2. 试验结果及分析

1）动态模量试验结果

对木质素纤维、聚酯纤维、玄武岩纤维与混合纤维SMA13进行试验后，测得不同温度与不同频率作用下的动态模量值如图5-21所示。

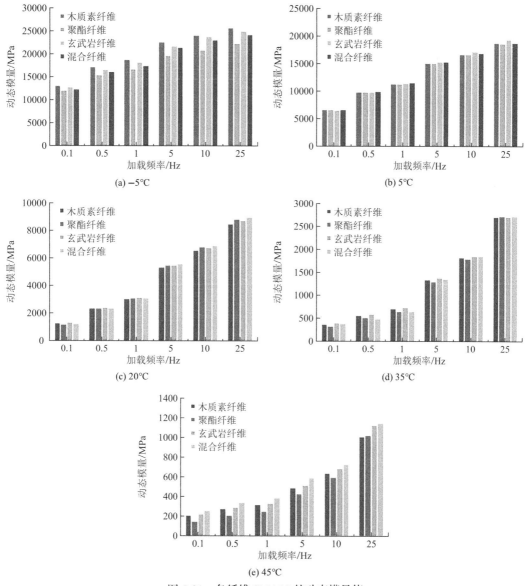

图5-21 各纤维SMA13的动态模量值

图5-21反映了不同纤维SMA在不同温度、不同频率作用下的动态模量值。从图中可以看出，在相同温度下各纤维SMA13的动态模量均随频率的增大而变大，但不同温度下

的模量规律不同：

（1）在−5℃低温作用时，各纤维 SMA13 动态模量值顺序：木质素纤维 > 玄武岩纤维 > 混合纤维 > 聚酯纤维，表明聚酯纤维的低温性能优良，而混合纤维因聚酯纤维的加入使两者模量值接近，这与纤维沥青胶浆的研究结论一致。

（2）在 20℃常温作用时，各纤维 SMA13 动态模量值顺序：混合纤维 > 聚酯纤维 > 玄武岩纤维 > 木质素纤维，混合纤维动态力学性能最优，说明混合纤维综合了聚酯纤维与玄武岩纤维的力学性能增强效果，用于沥青铺装层可提高结构层的强度。

（3）在 45℃高温作用时，各纤维 SMA13 动态模量值顺序：混合纤维 > 玄武岩纤维 > 聚酯纤维 > 木质素纤维，混合纤维高温稳定效果最强，玄武岩纤维次之，说明混合纤维发挥了玄武岩纤维与聚酯纤维的交互作用，在高温下仍具有较大的刚度。

2）相位角试验结果

相位角是黏弹性材料应变滞后于应力的一种反映，其大小表明了材料的弹性与黏性之间的相对关系。图 5-22 为 45℃时各纤维 SMA13 的相位角。

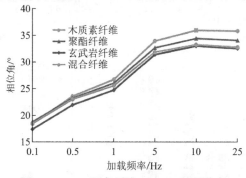

图 5-22　45℃下各纤维 SMA13 的相位角

从图 5-22 中可以看出，不同纤维 SMA13 的相位角在不同加载频率下变化趋势相同，均随频率的增大呈现先增大后降低的趋势，在 10Hz 时达到最大；在相同加载频率时，混合纤维与玄武岩纤维 SMA13 的相位角数值接近且较小，说明玄武岩纤维与混合纤维的掺加提高了混合料的弹性，使材料的高温稳定性增强。

3. 动态模量主曲线构建

利用时温等效原理，将沥青混合料在不同温度不同频率下测得的动态模量通过平移，得到在参考温度（20℃）下的动态模量主曲线。建立频率的对数-模量坐标系，动态模量主曲线表现为 S 形，可用 Sigmoidal 函数来表达，对模量进行对数变换后，函数方程见式(5-14)。

$$\lg|E^*| = \delta + \frac{(\text{Max} - \delta)}{1 + e^{\beta + \gamma \lg f_r}} \tag{5-14}$$

式中：Max——沥青混合料动态模量预估最大值的对数；

δ——沥青混合料动态模量最小值的对数；

β、γ——描述 Sigmoidal 函数形状的参数；

f_r——参考温度下的频率，Hz。

$$\lg f_r = \lg f + \lg a(T) \tag{5-15}$$

$$\lg a(T) = \frac{\Delta E_\alpha}{19.1471}\left(\frac{1}{T} - \frac{1}{T_r}\right) \tag{5-16}$$

式中：f——试验加载频率，Hz；

$a(T)$——位移因子；

ΔE_α——激活能量；

T——试验温度；

T_r——参考温度。

将式(5-15)、式(5-16)代入式(5-14)，可得式(5-17)：

$$\lg|E^*| = \delta + \frac{\text{Max} - \delta}{1 + \exp\{\beta + \gamma[\lg f + (\Delta E_a(1/T - 1/T_r))/19.1471]\}} \tag{5-17}$$

式中：Max = $\lg|E^*|_{\text{Max}}$，而$|E^*|_{\text{Max}}$由式(5-18)、式(5-19)得到：

$$|E^*|_{\text{Max}} = P_c[4200(1-\text{VMA}) + 435 \times \text{VMA} \times \text{VFA}] \times 10^3 + \frac{(1-P_c) \times 10^3}{(1-\text{VMA})/4200 + \text{VMA}/435/\text{VFA}} \tag{5-18}$$

$$P_c = \frac{(20 + 435000\text{VFA}/\text{VMA})^{0.58}}{650 + (435000\text{VFA}/\text{VMA})^{0.58}} \tag{5-19}$$

式中：P_c——系数。

动态模量的计算，首先将VMA、VFA实测值代入式(5-18)、式(5-19)计算出Max值；然后根据参考温度20℃，采用最小二乘法拟合不同温度、不同频率下的动态模量值，得到式(5-14)中的δ、β、γ及ΔE_α四个参数，即可得沥青混合料的动态模量主曲线，参数值见表5-23，主曲线如图5-23所示。

各纤维SMA13动态模量主曲线参数　　　　　　　　　　表5-23

纤维种类	δ	β	γ	ΔE_a	复相关系数
混合纤维	1.275564	−0.523014	−0.654495	200098.7	0.998
木质素纤维	1.345081	−0.400138	−0.747026	200269	0.992
聚酯纤维	0.735868	−0.36178	−0.4907	205720.7	0.995
玄武岩纤维	0.951888	−0.681775	−0.630701	205760.5	0.996

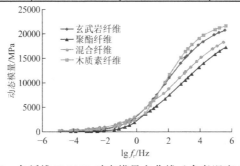

图 5-23　各纤维SMA13动态模量主曲线（参考温度20℃）

利用建立的各纤维 SMA13 的动态模量主曲线图，可以对不同温度、不同频率下沥青混合料的黏弹性进行评价，为路面设计与结构计算中参数的选取提供依据与参考。

5.4.2 疲劳性能

1. 试验方法

沥青混合料的疲劳破坏是影响路面结构寿命的重要影响因素，疲劳破坏是指沥青混合料材料在经受长期重复荷载后，在荷载未到破坏极限强度时而产生的破坏。采用两点梯形梁疲劳试验得到各纤维 SMA13 的抗疲劳性能。两点梯形梁疲劳试验（2PB）应用欧洲标准，相应的试验方法为《抗疲劳试验方法》EN 12679—24：2012，采用正弦波加载，位移控制加载[3]。梯形梁试件为碾压成型车辙板试件经切割后，尺寸为上底 25mm×25mm，下底 25mm×56mm，高 250mm。受力方式如图 5-24 所示，成型后试件及试验仪器见图 5-25。

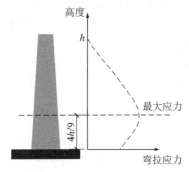

图 5-24 试件受力示意图

图 5-25 疲劳试验试件及试验仪器

两点梯形梁疲劳试验采用的疲劳标准见表 5-24。

疲劳试验标准　　　　　　　　　　　　表 5-24

试验方法	2PB
试件受力方式	顶部加载，最大应变位于距底面 1/3 高度处
加载波形	正弦波
加载频率	25Hz
试验温度	10℃
加载模式	应变控制
初始劲度模量	第 100 次加载
试验结束标准	50%初始劲度模量
试件破坏类型	试件出现断裂（位移控制）

2. 试验结果及分析

根据应变控制模式下的沥青混合料疲劳试验结果，以劲度模量下降至初始值的 50%作为失效标准,得到沥青混合料的疲劳寿命如表 5-25 所示。

各纤维 SMA13 梯形梁疲劳试验结果　　　　　　　　表 5-25

纤维种类	初始劲度模量/MPa	疲劳寿命/次
木质素纤维	8438	3772219
聚酯纤维	7063	7964074
玄武岩纤维	7476	6657700
混合纤维	7792	8064074

由表 5-25 可知,混合纤维 SMA13 的疲劳寿命较木质素纤维 SMA13 疲劳寿命有明显增加,是木质素纤维 SMA13 的 2.14 倍,同时疲劳寿命较聚酯纤维 SMA13、玄武岩纤维 SMA13 增加 1.26%、21.12%,说明混合纤维显著提高了混合料抗疲劳破坏的能力。

沥青混合料的劲度模量为某次循环中应力与应变的比值,在应变控制加载模式下,劲度模量随着加载次数的增加而减小,最后产生疲劳损伤。劲度模量衰减率 DN 可以作为描述混合料疲劳损伤的指标,$DN = (|E_0^*| - |E_N^*|)/E_0^*$,其中 $|E_0^*|$ 为初始劲度模量,E_N^* 为第 N 次加载时劲度模量。将梯形梁疲劳试验中劲度模量变化值与劲度模量衰减率的变化绘制于图 5-26 中。

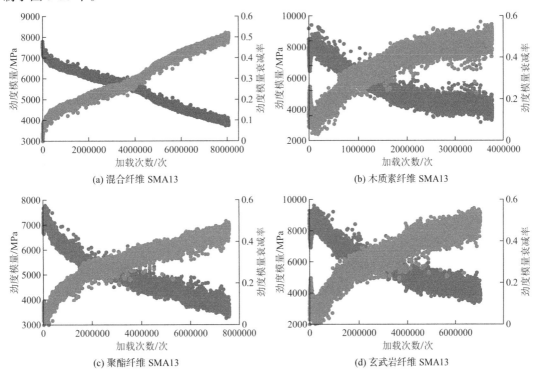

图 5-26　各纤维 SMA13 劲度模量变化规律

通过观察劲度模量的数值变化,来分析评价沥青混合料疲劳破坏过程。由图 5-26 可以看出，初始缺陷处的应力集中阻碍了微裂纹的发展和快速扩展，劲度模量下降迅速；而在中后期劲度模量则是呈现平稳的下降趋势。这是因为在循环荷载的作用下，沥青混合料中均匀分布的三维纤维网络提高了沥青混合料的整体强度，抑制了初期的应力集中现象，并且纤维网络的"桥接"作用有效抑制了裂缝的发展，改善了沥青混合料的疲劳性能。

5.4.3 纤维SMA13的强度

为达到桥面铺装层结构与材料一体化的目标，前文结构设计中对5cm+5cm铺装结构层材料的强度控制指标做出了规定，本节通过剪切与劈裂试验测试不同纤维SMA13的高温抗剪强度、低温劈裂抗拉强度，验证混合纤维SMA13的强度标准。

1. 高温抗剪强度

采用三轴剪切试验测定各纤维SMA13的高温抗剪强度，设备采用万能材料试验系统UTM-100。试验中将试件放在压力室中，通过高压液体对试样施加围压，试样为各向等压应力状态；随后通过活塞施加轴压，在轴向产生偏差应力。试验中以一定的速率施加轴向荷载，则轴向偏差应力随着时间先逐渐增大，直至达到应力峰值随后下落，此时试件已发生剪切破坏。

变化不同的围压即可得到相应破坏的轴向应力峰值，从而可以获得材料在极限平衡状态时的一组应力圆，由该应力圆组构成的包络线可以表示材料符合库仑方程的抗剪强度规律，进而求得材料的抗剪参数黏聚力c和内摩擦角φ。参考国外研究经验与相关规范，试件尺寸为高150mm、直径100mm的圆柱体，加载速率取1.27mm/min，围压取0kPa、138kPa、276kPa三个水平，试验温度按照设计要求设置为45℃。试验结果如表5-26所示。

不同纤维SMA13的抗剪强度试验结果　　　　表5-26

SMA13种类	黏聚力/kPa	内摩擦角/°	抗剪强度/MPa
木质素纤维SMA13	430.24	41.25	0.64
聚酯纤维SMA13	500.18	42.10	0.72
玄武岩纤维SMA13	460.1	40.74	0.66
混合纤维SMA13	575.68	43.22	0.80

由表5-26可知，混合纤维SMA13抗剪强度最大，高温作用下抵抗剪切破坏能力最强，并且混合纤维SMA13的抗剪强度满足桥面铺装结构设计对于上面层材料的要求。

2. 低温劈裂抗拉强度

采用《公路工程沥青及沥青混合料试验规程》JTG E20—2011中的T0716方法对各纤维SMA13进行劈裂试验，获得劈裂抗拉强度，据此评价各纤维SMA13混合料的低温抗拉强度标准。试验设备采用MTS多功能试验机，加载速率为1mm/min，试验温度为−10℃±0.5℃。劈裂抗拉强度用R_T表示。试验结果见表5-27。

各纤维 SMA13 的低温劈裂试验结果　　　　　表 5-27

SMA13 种类	破坏荷载/kN	垂直变形/mm	水平变形/mm	劈裂强度/MPa
木质素纤维 SMA13	39.21	2.02	0.28	3.92
聚酯纤维 SMA13	43.91	2.63	0.40	4.39
玄武岩纤维 SMA13	42.15	2.58	0.38	4.21
混合纤维 SMA13	44.71	2.71	0.43	4.41

由表 5-27 可见，不同纤维 SMA13 的劈裂强度各不相同，均满足结构设计要求提出的标准，其中混合纤维 SMA13 的劈裂强度最大，表现出优异的低温抗拉性能。

5.5　本章小结

本章通过混料试验设计方法与室内试验，系统开展了纤维沥青胶浆、纤维 SMA13 配合比设计与路用性能、动态力学性能及强度特性研究，得到以下主要结论：

（1）基于混合纤维沥青胶浆的高低温流变性能，确定混合纤维中木质素纤维、聚酯纤维、玄武岩纤维的最优比例为 0∶0.5∶0.5。

（2）推荐混合纤维 SMA13 的纤维掺量为 0.3%，该掺量的混合纤维 SMA13 具有最高的动稳定度与最优的低温柔韧性，而且在常温（20℃）、高温（45℃）时具有最大的动态模量值。

（3）建立了不同纤维 SMA13 的动态模量主曲线，为分析其动态力学特性与应用于沥青铺装结构设计提供了力学参数。

（4）混合纤维 SMA13 的疲劳寿命是木质素纤维 SMA13 的 2.14 倍，且比聚酯纤维 SMA13、玄武岩纤维 SMA13 分别提高了 1.26%、21.12%，表明混合纤维 SMA13 具有优异的抗疲劳性能。

（5）混合纤维 SMA13 的模量值、高温抗剪强度、低温劈裂抗拉强度均满足铺装结构设计中提出的沥青铺装层各力学设计指标的标准。

参考文献

[1] 刘树堂, 商庆森, 郭忠印. 沥青混合料目标配合比设计的最佳沥青含量范围估算[J]. 公路交通科技, 2006(2): 39-42+47.

[2] LIU S T, CAO W D, SHANG S J, et al. Analysis and application of relationships between low-temperature rheological performance parameters of asphalt binders. [J]. Construction and Building Materials, 2010, 24(4): 471-478.

[3] European Committee for Standardization. Bituminous Mixtures—Test Methods for Hot Mix Asphalt—Part 24: Resistance to Fatigue: EN 12697-24: 2012[S]. Brussels: CEN, 2012.

第6章

工程应用及评价

第6章

本章将优化的沥青铺装层结构与研发的复合型桥面防水层、混合纤维 SMA13 应用于实体工程，重点阐述施工工艺与质量控制关键技术，并对实施后的效果进行现场检测及验证，为混凝土桥面沥青铺装成套技术的推广应用提供参考。

6.1 试验段方案

6.1.1 工程概况

2021 年 9 月，结合青临高速公路养护专项工程，选择毕家沟大桥的桥面铺装维修工程实施试验路段。毕家沟大桥全长 277m，桥面全宽 34m，设计桥跨径 9m×30m，桥宽 2m×16.5m。主桥上部结构为预应力钢筋混凝土连续箱梁，桥墩类型为多柱墩，建成时间为 2012 年，设计荷载等级为公路-Ⅰ级。青临高速公路通车运营后，由于交通量持续增大、重荷交通比例高及桥面排水不良等原因，毕家沟大桥桥面铺装出现路面渗水、唧浆坑槽等病害。但该桥一直未进行养护专项维修，历年来多以小修保养为主，即桥面铺装病害主要采用局部挖补、热修补等措施处理，因此病害未能彻底根治，反复出现，如图 6-1 所示。

图 6-1 毕家沟大桥桥面病害情况

6.1.2 方案设计

为彻底清除桥面铺装病害，保障行车安全与舒适性，对行车道存在严重病害的桥面铺装，铣刨掉整个桥面沥青铺装，凿除原破碎、松散混凝土现浇层并重新浇筑混凝土，凿毛处理后重新铺筑沥青铺装层并设置碎石盲沟。依据研究成果，铺装结构上面层采用 5cm 混合纤维沥青混合料 SMA13，下面层采用 5cm 普通 SMA13，防水层采用复合型桥面防水层，如图 6-2 所示。试验路段在毕家沟大桥右幅（K1446+738）第三车道实施，路段宽 3.75m，长 200m，铺筑面积共计 750m²。各层原材料用量如表 6-1～表 6-3 所示。

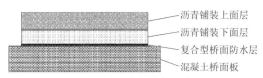

图 6-2 桥面铺装结构示意图

复合型桥面防水层材料用量　　　　　表 6-1

材料	每平方用量/(kg/m²)	总量/t
聚合物改性乳化沥青	0.6-0.8	0.45-0.6
复合改性沥青	3.6±0.4	2.7±0.3
无碱玻璃纤维	0.15	0.113
3～5mm 玄武岩碎石	3.7±0.2	2.78±0.2

普通 SMA13 材料用量　　　　　表 6-2

材料与规格	用量/t	说明
SBS 改性沥青	2.2	按油石比 5.8%计算
10～15mm 集料	13.5	按混合料的 38%估算
5～10mm 集料	13.5	按混合料的 38%估算
0～3mm 石屑	4.3	按混合料的 12%估算
矿粉	4.3	按混合料的 12%估算
木质素纤维	0.11	按混合料的 0.3%估算

混合纤维 SMA13 材料用量　　　　　表 6-3

材料与规格		用量/t	说明	
SBS 改性沥青		2.2	按油石比 5.8%计算	
10～15mm 集料		13.5	按混合料的 38%估算	
5～10mm 集料		13.5	按混合料的 38%估算	
0～3mm 石屑		4.3	按混合料的 12%估算	
矿粉		4.3	按混合料的 12%估算	
混合纤维	聚酯纤维	0.055	按混合料的 0.3%估算	按纤维的 50%估算
	玄武岩纤维	0.055		按纤维的 50%估算

6.2　施工工艺

6.2.1　防水层施工工艺

混凝土桥面防水层维修主要包括旧桥面铺装层铣刨、破损混凝土桥面维修、混凝土表面处理与新桥面防水层施工等，由于复合型桥面防水层的结构特殊性，施工工艺与普通桥面防水层有所区别，具体施工工艺如下。

1. 既有桥面铺装层铣刨

（1）沥青层铣刨。既有沥青铺装层铣刨采用沥青路面铣刨机械进行施工，沥青面层铣刨厚度 10cm，如图 6-3 所示。

图 6-3　桥面旧铺装层铣刨

（2）桥面板混凝土维修。沥青铺装层铣刨后，若发现混凝土现浇层破碎、松散或铰缝纵向开裂、破损，应凿除现浇层和破损铰缝，梁板顶植入剪力钢筋，铺设钢筋网，重新浇筑 C40 聚丙烯纤维混凝土，聚丙烯纤维掺入量为 $0.9kg/m^3$。

（3）基面清理。待沥青层铣刨后或混凝土强度达到要求后进行基面清理。采用强力清刷机、吹风机等彻底清除桥面板水泥浮浆、泥土结块等，对于强力清刷机不能施工的区域和边缘，用手扶清刷机清扫，如图 6-4（a）所示。

（4）表面找平。清扫后的混凝土表面应保持 0.5～1mm 的粗糙度，表面无浮浆，露骨率 20%以上，基面平整度须小于 5mm。局部凹凸不平处须用 1∶2.5 水泥砂浆找平并充分养护，准备铺筑防水层的工作面应平整、干燥、无尘埃，并形成粗糙的表面，如图 6-4（b）所示。

(a) 基面清扫

(b) 混凝土表面

图 6-4　桥面混凝土处理

2. 防水层施工

1）复合改性沥青生产

采用剪切搅拌与胶体磨生产复合改性沥青，具体步骤如下：

（1）将 SBS 改性剂与脱硫胶粉装入对应的计量罐，按工艺要求设定好沥青加入量，将提前加热至 175℃的基质沥青泵送至配料罐；

（2）当沥青加入到一定量以后打开旋转供料阀加入 SBS 改性剂与脱硫胶粉，启动反应

釜内的搅拌器和循环泵,将沥青、SBS改性剂、脱硫胶粉混合均匀;

(3)沥青混合物在溶胀罐内溶胀1h以上,采用胶体磨对初步发育的混合样品高速剪切,转速4000~5000r/h,时间1h,制备温度180~190℃;

(4)将剪切后的复合改性沥青在180℃下恒温发育1h,完成复合改性沥青生产,装入喷洒车备用。

2)复合型桥面防水层施工

复合型桥面防水层需做2遍喷涂,第一遍底涂聚合物改性乳化沥青,第二遍撒布纤维+复合改性沥青,施工中保证防水层喷涂均匀、平整、无夹层。

(1)第一遍底涂:桥面清理干净后喷涂聚合物改性乳化沥青,保证其渗入混凝土表面的毛细孔并具有足够强度的粘结力,同时密封混凝土表面孔隙,喷涂量为0.6~0.8kg/m^2,如图6-5所示。

(2)第二遍撒布:待底涂破乳实干后(2~4h)撒布纤维+复合改性沥青,见图6-6。采用纤维碎石同步洒布车施工,喷洒顺序依次为复合改性沥青、玻璃纤维、复合改性沥青、单粒径碎石。其中,复合改性沥青第一层喷涂量为1.1kg/m^2±0.2kg/m^2,第二层喷涂量为2.5kg/m^2±0.2kg/m^2,纤维用量为150g/m^2,3~5mm碎石撒布量3.7kg/m^2±0.2kg/m^2,覆盖率为75%~80%。撒布完成后的复合型桥面防水层效果如图6-7所示。

图6-5 乳化沥青洒布

图6-6 复合防水层同步施工

图6-7 复合型防水层效果图

3. 施工要求

桥面防水层材料要求与抽样测试结果见表6-4～表6-6，各项指标均符合规范与设计的技术要求。

聚合物改性乳化沥青技术指标　　　　　　　　　　　　　　　　　　　　　表6-4

试验项目		测试结果	技术要求
破乳速度		快裂	快裂
粒子电荷		阳离子（+）	阳离子（+）
恩格拉黏度（25℃）/Pa·s		6.3	2-10
筛上剩余量（1.18mm筛）（%）		<0.1	≤0.1
与集料的黏附性，裹覆面积		>2/3	≥2/3
蒸发残留物	残留物含量/%	52	≥50
	针入度/0.1mm	59	50-200
	软化点/℃	53	≥50
	延度（15℃，5cm/min）/cm	26	≥20

复合改性沥青技术指标　　　　　　　　　　　　　　　　　　　　　　　　表6-5

检验项目	测试结果	技术要求
针入度（25℃，0.1mm）/mm	38	30-60
弹性恢复/%	89	≥80
延度（5℃，5cm/min）/cm	25.5	≥20
软化点（TR&B）/℃	87.0	≥70
剪切强度（50℃）/MPa	0.3	≥0.2
粘结强度（50℃）/MPa	0.2	≥0.1

玻璃纤维技术指标　　　　　　　　　　　　　　　　　　　　　　　　　　表6-6

检验项目		测试结果	技术要求
线密度(Tex)/(g/1000m)		2502	2400±192
可燃物含量/%		0.75	0.85±0.2
含水率/%		<0.2	≤0.2
硬挺度/mm	平均值	120	80-200
	极差	<30	≤30

桥面防水层施工要求如下：

（1）施工温度应不低于10℃，风速适度，浓雾或下雨路面潮湿时不宜施工，纤维碎石同步洒布车应具有加热系统，能保证高温洒布，各喷嘴能单独自动控制，喷油管具有回路，严格控制喷洒量。

（2）撒布过程应保持匀速行驶，以保证沥青、纤维、碎石洒布均匀，喷洒过量处应予刮除，喷洒管与路表面形成约30°角，并有适当高度，使复合改性沥青、纤维形成重叠，并使碎石均匀覆盖在表层。

（3）洒布防水层时，须全车道满铺，无破洞、漏铺、脱开等现象，喷洒超量、漏洒或少洒处应予纠正。

（4）原材料装车前，应对洒布车进行必要的检查与保养，在沥青泵入口处（或在沥青罐上）加设孔径为3～5mm的滤网，防止杂物进入洒布车。洒布施工前，要对沥青泵、洒布管道进行充分预热与试喷检查，当喷嘴均有材料喷出且成型后的防水层符合规定后才能进行洒布。

（5）施工过程中严禁车辆与行人通过防水层，施工人员禁止穿带跟、带钉鞋底作业，以免损坏防水层。

6.2.2 沥青铺装层施工工艺

当防水层施工完成后，可接着摊铺桥面沥青铺装层。沥青铺装层上面层采用混合纤维SMA13混合料，下面层采用常规SMA13混合料，两种沥青混合料的施工工艺基本相同，主要区别是上面层混合料在石料干拌阶段采用混合纤维代替木质素纤维，主要工艺流程如下：

1. 混合料生产

（1）正式生产前，需要对拌合楼进行系统检测，确保各个部件运转正常。

（2）石料加热温度宜控制为200～210℃，沥青加热温度宜控制在165～170℃，混合料出料温度控制为170～185℃，温度超过195℃的混合料应予以废弃。

（3）向拌合楼自动加入规定质量的集料，同时输送纤维。纤维投放一般采用自动投料装置，如试验段混合料数量较少，也可人工投放事先称量包装好的纤维，但一定要注意安全与准确投放。加入纤维后经5～8s干拌，再投入矿粉，总的干拌时间应比普通沥青混合料增加5～10s。

（4）喷入沥青后的湿拌时间，应根据拌合情况适当增加，通常不得少于5s，保证纤维能充分均匀地分散在混合料中，拌合后的混合料应均匀、无花白料。

（5）每天拌制完毕后，需要抽取热料筛分，观察分析热料筛分的波动情况，必要时由技术负责人和实验室共同对生产配合比进行适当调整。

（6）按照要求的抽检频率，在施工现场取样进行抽提筛分、马歇尔稳定度及体积指标检测，必要时增加车辙试验。

2. 混合料运输

（1）SMA混合料宜采用后双桥大吨位自卸运输车运输，装料前应在车底和车厢喷洒隔离剂。

（2）由于混合料的特殊性容易离析，所以要从开始就注意避免离析的发生，装料时要求料车做到前后移动分多堆装车；运输过程中应尽量避免急刹车，以减少混合料的离析。

（3）运料车应用质量较好的篷布覆盖，直到卸料结束后方可移除篷布。

（4）沥青混合料运输车的运量应较拌合能力和摊铺速度有所富余，根据工程规模，摊铺机前方需要有 3～5 辆运料车等候卸料。

3. 混合料摊铺

（1）混合料运送至现场的温度不低于 165℃，摊铺温度不低于 160℃。

（2）摊铺机宜采用履带式摊铺机铺筑，采用挂线（或拖棒）控制厚度，事先通过调试确保平整度与铺筑厚度。

（3）摊铺前摊铺机需要提前 0.5～1h 预热熨平板，使其温度不低于 110℃，铺筑过程中使熨平板的振捣或夯锤压实装置具有适宜的振动频率和振幅，以提高路面的初始压实度，熨平板加宽连接需要仔细调节至摊铺的混合料没有明显离析痕迹。

（4）摊铺机的摊铺速度根据拌合楼的产量、施工机械配套情况及摊铺厚度、摊铺宽度，按 1～3m/min 予以调整选择，一般控制在 1.5～2.0m/min，最高不超过 3m/min，做到缓慢、均匀、不间断地摊铺。

（5）摊铺机调整到最佳工作状态，调好螺旋布料器两端的自动料位器，并使料门开度、链板送料器的速度和螺旋布料器的转速相匹配。螺旋布料器中的混合料以略高于螺旋布料器 2/3 为度、使熨平板挡板前的混合料高度在全宽范围内保持一致，避免摊铺层出现离析现象。

（6）SMA 混合料的松铺系数应通过试铺确定。试验路段的摊铺如图 6-8 所示。

图 6-8　SMA 混合料摊铺

4. 混合料压实

混合料压实是保证铺装层质量的重要环节，应选择合理的压路机组合方式和碾压步骤。施工时既要保证粗集料的骨架结构，又要防止过碾而导致骨架棱角破坏，宜采用双钢轮振动压路机。

（1）SMA 混合料压实工艺分为初压、复压和终压。碾压工艺遵循"紧跟、慢速、高频、低幅"的原则，初碾、复碾的工作长度宜 20～30m。碾压速度不得超过 5km/h。

（2）初压采用重型压路机进行静压，初碾压路机每次前进时，均需要前行到接近摊铺机尾部位置。每次前进后均需要在原轮迹上倒退，第二次前进需要重复约 2/3 轮宽，往返一次为碾压 1 遍，需碾压 1～2 遍，初压须在混合料温度 150℃以上完成。

（3）复压宜采用重型振动压路机进行，碾压遍数不少于3~4遍，复压完成时混合料温度须大于130℃。

（4）终压采用钢轮压路机进行，以消除轮迹，终压遍数通常为1遍，收迹碾压终了温度须大于110℃。

（5）桥面SMA混合料铺装重点对碾压工艺过程控制，一般不要钻芯抽检压实度，以免造成对铺装结构以及桥面混凝土的破坏。

试验路段碾压过程及压实完成后的表面效果如图6-9所示。

图6-9 混合纤维SMA压实与压实后的效果

6.3 检测与评价

6.3.1 桥面防水层质量检测

桥面防水层施工过程及沥青铺装层施工后的检测内容、方法及结果如下。

1. 防水层外观检测

桥面防水层外观应粘结牢固，表面碎石应撒布均匀并嵌入沥青中，无空鼓脱落、破损、翘边等现象。

2. 防水层材料用量检测

桥面防水层的施工质量主要通过沥青洒布量和洒布均匀性来衡量，洒布量根据洒布的面积和推荐的单位面积洒布量来确定，洒布均匀性主要通过观察来确定。防水层洒布完毕后，记录洒布工艺参数，如行驶速度、洒布宽度、液体流量等。

防水层沥青用量的测试执行《公路路基路面现场测试规程》JTG 3450—2019中T0982—1995方法。洒布前，在桥面上放置几张牛皮纸，待洒布完成后，取出测重。由现场测试数据计算可得，聚合物改性乳化沥青洒布量分别为：$0.68kg/m^2$、$0.63kg/m^2$、$0.61kg/m^2$，满足$0.6~0.8kg/m^2$的规范要求；复合型桥面防水层洒布量分别为：$3.35kg/m^2$、$3.43kg/m^2$、$3.31kg/m^2$，与实验室确定的$3.28kg/m^2$近似，满足要求，现场取出的带有防水材料的牛皮纸试样见图6-10、图6-11。

图 6-10　乳化沥青洒布量试样　　图 6-11　复合型防水层试样

3. 不透水性检测

防水层的不透水性依据《公路路基路面现场测试规程》JTG 3450—2019 中 T0971—2019 沥青路面渗水系数测试方法检测，现场检测时随机抽选 3 个测点，在 60cm 水柱的压力下，30min 内均不透水，满足要求，说明该防水层不透水性能良好。不透水性检测如图 6-12 所示。

图 6-12　不透水性能检测　　图 6-13　抗施工损伤性检测

4. 抗施工损伤性检测

由于高速公路桥面铺装保通压力大，为避免桥面结构遭受破坏，采用间接方法检测防水层的抗施工损伤性能，即待沥青铺装层下面层完工后，放置渗水仪检测其不透水性。现场检测时随机抽选 3 个测点，在 60cm 水柱的压力下，30min 内均不透水，说明该防水层的抗施工损伤性能良好，如图 6-13 所示。

6.3.2　沥青铺装层质量检测

1. 施工过程质量控制

为保证沥青混合料生产质量，拌合站控制室需逐盘打印沥青及各种矿料的用量和拌合温度，检验混合料出厂温度、摊铺温度和碾压温度，并目测检验有无花白料、严重离析现象等。对于混合料质量控制，每天分别从拌合站和摊铺现场取样进行抽提和筛分试验，每天至少两次，每次取样不少于4kg。对关键筛孔进行重点控制，必须满足级配范围要求，根据关键筛孔偏差范围制定施工控制范围要求，沥青含量允许偏差为±0.2%，还需要对拌合站进行逐盘与总量检验，具体检验要求见表6-7。

沥青混合料生产过程检查项目和频度　　　　　　　表6-7

项目		检查频度及单点检验评价方法	质量要求或允许偏差
混合料外观		随时	均匀，无花白料及结团现象
拌合温度/℃	集料、沥青、混合料的生产温度	逐盘在线检测	符合施工设计要求
矿料级配	0.075mm	逐盘在线检测	±2%
	≤2.36mm		±4%
	≥4.75mm		±5%
	0.075mm	逐机检查，每天汇总1次取平均值评定	±1%
	≤2.36mm		±2%
	≥4.75mm		±2%
	0.075mm	每台拌合机每天1~2次，以2个试样的平均值评定	±2%
	≤2.36mm		±3%
	≥4.75mm		±4%
纤维含量		逐盘在线检测	±10.0%
		每天汇总1次取平均值评定	±5.0%
沥青用量（油石比）		逐盘在线检测	±0.3%
		逐盘检查，每天汇总1次取平均值评定	±0.1%
		每台拌合机每天1~2次，以2个试样的平均值评定	±0.2%
马歇尔试验：空隙率、稳定度、流值		每台拌合机每天1~2次，以4~6个试样的平均值评定	符合设计要求
浸水马歇尔试验		必要时（试件数同马歇尔试验）	符合规定
车辙试验		必要时（以3个试件的平均值评定）	符合规定

2. 完工后质量检测

沥青铺装施工完成后进行压实度、厚度等主要指标的评定。压实度采用取芯方法进行测试，取芯后计算得路面标准密度压实度为98.7%，路面理论密度压实度为99.4%，满足压实度质量要求，每层厚度及总厚度均满足质量要求。现场取芯见图6-14。

沥青铺装上层的构造深度采用手工铺砂法检测，如图6-15所示，测得路面构造深度为0.82mm，满足设计要求（≥0.5mm）。沥青路面渗水系数使用渗水系数测定仪（WJ-4）进行检测，如图6-16所示，现场检测结果为0，满足技术指标≤200mL/min。

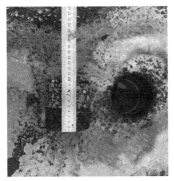
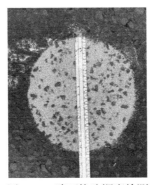

图 6-14　沥青铺装层现场取芯检测　　图 6-15　路面构造深度检测　　图 6-16　渗水系数检测

6.3.3　试验路评价

截至 2023 年 4 月，试验路已通车 19 个月，期间分别于 2022 年 6 月、2023 年 3 月进行了现场察看与平整度、车辙的检测。目前，试验路段的年平均日交通量当量数达 45000pcu/d，重车比例接近 40%，试验路段总体服役性能良好，没有裂缝病害，表面纹理等外观优于普通的桥面铺装路段，如图 6-17 所示。

(a) 试验路外观　　　　　　　　　　　(b) 普通桥面

图 6-17　试验路与对照路段外观

2023 年 3 月的试验路段平整度、车辙检测如图 6-18、图 6-19 所示，检测结果显示平整度平均为 1.43mm，车辙平均深度不到 4mm。跟踪监测表明，研发的技术有效控制了该桥面早期常见的坑槽、裂缝等病害，验证了桥面铺装结构设计与复合型桥面防水层及混合纤维 SMA 铺装方案的合理性。当然，长期的路用性能尚待继续跟踪检测与监测。

图 6-18　试验路平整度检测　　　　图 6-19　试验路车辙检测